侯士庭 / 著　陈恩明 / 译

James M. Houston

美好品格的塑造

CHRISTIAN CHARACTER FORMATION

上海三联书店

Christian Character Formation

目录

第 1 章
个人气质与灵命更新

今天，世界上关于"人的品格"这个主题，仍然有相当大的分歧。某些思想流派坚持，只要人能追随本流派的主张，就可以成为一个"新"的人，也就是说，这些思想流派认为人在某些情形下是可以得到更新的。圣经对这个问题有明确的看法。圣经提到："若有人在基督里，他就是新造的人。"（林后 5:17）作为基督教福音派的信徒，我们很重视"重生"，也深知"老我"仍存在。当保罗说："我所愿意的善，我反不作；我所不愿意的恶，我倒去作。"（罗 7:19）他无疑是站在已经重生的角度来说这句话，因为他处在挣扎中，渴望看到生命更新的印记。

思想、情感、行为的整全性

生活在不同文化背景中的基督徒，对福音的认识各有其独特的一面。曾有一位美国朋友跟我开玩笑地说："为什么福音在不同文化中,都能够产生一定程度的吸引力?"他的解释是:"因为对威尔士人而言,他们可以为福音而歌颂;对爱尔兰人而言,他们可以为福音而抗争;对苏格兰人而言,福音是免费的;对英格兰人而言,福音是彬彬有礼的表现;对美国人而言,则是他们能将福音包装并连本带利地收回。"福音在各地所引发的不同表现,事实上是与"气质"有关联的,不同气质的人对信仰持有不同的看法。所以,在了解"品格"与基督信仰的关系之前,应先了解一个人与生俱来的气质。

在日常生活中,我们各种自我经验并不是分割的。也许我们会说人有灵、魂、体,但通常不会把这三者分得很清楚,就像虽然知道自己有想象力、有感受、有意向,却不会把每一样东西都很清楚地分出来。或许在研究思想时会尝试去分辨,但在日常生活中是不会这样做的。英格兰人,特别是所谓的"大丈夫",常常会压抑自己的感情;北美的男士也是这样。因为,西方人的确有重视"思想"多于"情感"的趋势。保罗曾说,要使人的心思意念完全归服在基督之下,也就是要将人的心思意念夺回,使每一个意念都与神有关联(参林后 10:5)。

加尔文在《<诗篇>注释》的序言中说道,他和诗人大卫有很大的分别。大卫无时无刻不将所有的情感在神面前尽情流露,而加尔文本人只是在某些时刻向神透露他某方面的情感。我们知道加尔文性格内向、含蓄，所以可以体会他的说法。事实上，很多人白白受苦的原因，就是由于不知道情感与信仰有何关系，而太过压抑自己的情感，甚至有时候会显得不知所措，以为借着压抑就可以控制情感。其实压抑等于弃权，弃权后根本没办法再去控制潜伏在人心里的种种情绪反应。我们可以想象一下，假如某人自称相当注重家居整洁，为了达到目的，他把所有的脏衣服都藏在阁楼上。但有一天，一位修理水电的工人或其他工匠到了他的"藏珍阁"，忽然间，把置于阁楼上的所有脏衣服都往下扔，并全落在这位友人的头上。此时，大家才恍然大悟，原来这位老兄根本不懂什么是"整理"。

过分压抑自己的情绪，有可能导致精神崩溃。当我们潜意识内的压抑忽然浮现出来时，我们根本没有方法去控制自己的情感。所以，若我们对所信的神认真，就必须针对自己的思想（即从自己情感的角度）来处理，让我们真的将所有的意念尽都归服在神的权柄之下。

有时候，我们对自己的信仰没有把握，其中一个原因是基督的道理没有丰丰富富地住在我们里面；也就是在我们的意识中，没有将心思意念深刻地沉浸在神的话语中。心理学家指出，人类只使用了大脑的百分之十，未被发现和利用的意识部分竟占百分之九十，而这些我们所不知的绝大部分意识，却又影响着我们的生活和行为。

我们需要注意，在基督教的信仰中，"行为"是占绝大部分的；由于受到西方思想的影响，我们通常以为基督教信仰主要是与"思想"相关的。在此，我并非轻视思想对信仰的重要性，因为使徒也说，要时常为心中盼望的缘由作解释及回答（参彼前 3:15）。

初代教会面对整个希腊思想冲击的时候，也是福音向有史以来人们所知道最有文化、最有思想的力量发出挑战。今天，在基督教信仰的意识、目标等方面，仍然需要有分量的思想，可以挑战现代意识形态、哲学等。话虽如此，其实基督教信仰影响人的行为多于个人的理念，因为基督教信仰是全人信仰，影响着人生活中的每一部分。所以，我们必须使自己的生活、为人都服在基督的主权之下。如果只是为了使自己成为一个貌似很有思想的人而故意压抑自己的情感，这种做法反而反映出我们并非真正懂得思想。过去我在牛津大学经常有机会接触到享誉国际的学者，其中有几位在身心方面的发展算是相当平衡，而其他大部分的学者却显得不平衡，他们的头脑非常发达，待人接物却非常幼稚。

所以，要讲求平衡、全面，我们就需要善于运用整个人的各种功能。作为一个基督徒还需要知道，我们所看到的事物不一定都是清楚的。由于看事物的角度有时会受某些环境因素的控制，因此我们是以选择性的眼光来看周围的事物。这么说来，我们在领悟、解释事物时也是有选择性的。事实上，只有当我们能反省时，我们才会有所领悟。

举例来说，当你正堕入爱河时，不管天空是否乌云密布，你都会觉得每天阳光灿烂；一旦失恋，就算天气风和日丽，你也会觉得自己好像身陷风暴。从这个例子来看，人的情感是会影响自己的领悟力的。不过，更重要的不只是我们能堕入爱河，而是我们要时常爱我们的神，接受这个爱而去影响整个人生对事物的领悟力，甚至在最悲惨的情况下也能如此。使徒保罗在写给罗马信徒的信中说："万事都互相效力，叫爱神的人得益处。"（罗 8:28）这是何等高度的乐观主义！其实，不是乐观主义使保罗能够这样说，而是基督的爱使保罗对周围事物的领悟有所不同。在自然的境况下也是一样，是神自己影响我们这个人。当我们有永恒、有永生，我们就会以不同的角度来看事物，对事物的领悟力也有不同的观点，就不再是从狭隘的自我中心来看待事物。当基督的爱占据我们整个人时，我们看事物的角度是很不一样的。但是，当我们内心缺乏安全感时，就会很计较别人是如何看我们。这种自卑感或强烈的自我意识，会影响我们的行为。

在新约中，我们可以看到福音更新的大能，而其中一个用来表示福音更新大能的重要词汇就是"确据"。这个词汇是在公元前六世纪希腊城邦兴起时，希腊人因民主制度兴起而产生的。因为城邦的兴起，使得城市内的居民有权利公开宣布投票对象是谁；他们有言论自由，在政治上有公开的发言权，可以表达他们喜欢谁来统治他们。

当耶稣受审时，我们看见那位曾因自己品德上的脆弱而背弃耶稣的彼得，以及其他因恐惧而四散奔逃的使徒；但这些人在后来都能起来"放胆"讲道，这是因为他们有了内在的确据，于是就有了更新的行为，并产生了前所未有的胆量。保罗曾自豪地说："我不以福音为耻。"（罗1:16）我们知道当他说"我不以福音为耻"时，是表明自己不再没有胆量，因为心中已有了前所未有的把握和确据。

圣经经常提醒我们，只管坦然无惧地来到施恩宝座前（参来 4:16）。过去大祭司每年一次带着祭牲的血，才敢于来到神面前；如今我们可以借着耶稣基督的宝血，"坦然无惧地来到施恩宝座前，为要得怜恤，蒙恩惠，作随时的帮助。"（来 4:16）从圣灵而来的内心确据，对我们基督徒的生活、为人有何等大的影响，使我们能说："靠着那加给我力量的，凡事都能作。"（腓 4:13）因为我们知道，在自己的软弱中可以看到神的刚强；同时也意识到，神已将新的把握及确据赐给我们了。

假如我们在祷告生活中没有把握，或在日常生活中对神的同在缺乏强烈的确信，一个原因可能是我们内心深处还没有经历到圣灵所赐的把握；另一个原因是现代生活中的文化、思想及价值观念扭曲了我们的价值观。现代人是通过你的做事、表现，来决定你是怎样的人，因此，通常我们与人见面的第一句话是："你是从事哪一行业的？"

一个人的身份如何，似乎取决于他的工作。不过，作为一个基督徒，我们必须清楚地知道，人的身份并非凭他的职业或表现来决定，因为我们的身份是与基督相连的。保罗超过一百七十次提到"在主里"、"在耶稣里"、"在我们主耶稣基督里"，在重复又重复的词语中，都让我们看到当中奇妙的关系。

耶稣在《马太福音》7 章提到有两种房子的差别：一种房子是建筑在沙土上，另一种是建筑在磐石上。外在的行动并不代表完善，内在品格的基础才是更重要的。对于我们基督徒的身份，若只是凭个人的表现来决定，那么就好像是把房子建造在沙土上；唯有根基全然立在基督里，才像是把房子建立在稳固的磐石上。这反映出拥有内在的资源，才能使我们有丰盛的基督徒生活。《彼得前书》2:12说："你们在外邦人中，应当品行端正，叫那些毁谤你们是作恶的，因看见你们的好行为，便在鉴察的日子归荣耀给神。"

认识气质中的弱点

综上所述，我们需要清楚地认识自己的品格建造的根基，也要了解气质对我们的影响。气质（temperament）和人格（personality）是有分别的。气质是指人与生俱来的稳定的个性在人行为上的表现（属灵的特性与身体的特征也是相关联的），所以有些人性子急，有些人则慢条斯理。我们信主后，最困难的是个性在基督里的更新，因为"江山易改，本性难移"。但我们还有人格，也就是人的身份、与生俱来的一大串不同的人际关系等，而这种人格是由我们与父母、兄弟、朋友或其他人物接触时所作的反应来构成的。当反省自己与人交往时，难免会发现自己已是"遍体鳞伤"。按《罗马书》3:23说："世人都犯了罪，亏缺了神的荣耀。"或者可以说，人本来就是处在一个不完美的家庭，因父母的不完美，所以我们在家庭关系中会感到受创伤。我们每个人都需要得到情感方面的医治。

很多基督徒都知道自己已经重生了，许多时候却受限于我们的本性，重生后继续以自己的天生气质及过去的人格来侍奉神。在以个人主义挂帅的现代社会中，可供自由发展的空间很多，如果一个基督徒表现出来的是未被更新的世俗化行为，往往会使基督的福音及基督的名受到羞辱，所以我们必须思考气质对我们的影响。

公元前四百年,希腊医学之父希波克拉底(Hippocrates of Chios, 公元前460－前377) 将人的气质分为四类：多血质（Sanguine）、胆汁质（Choleric）、抑郁质（Melancholy）和黏液质（Phlegmatic）。他认为这四种气质依次由心、肝、肺、肾四种器官分泌的体液造成。对他来说，这些名称分别代表的是有生气的、活跃的、忧郁的和冷漠的气质。公元二世纪时，一位古罗马医生兼作家盖伦（Claudius Galen，130－200）将希波克拉底的理论进一步发挥。但盖伦不接受希波克拉底以消极的态度看待气质，因希氏认为每一种气质都是不好的，盖伦认为这些气质没什么不好，并进一步巩固了气质的分类。近代有一位德国医学家更是将气质与体型拉上关系，当作是体型分类，但这种理论始终不为人接受。

二十世纪初，荣格（Carl Jung，1875－1961）在1913年研究人不同的气质，1923年他将用德文写成的著名文章译成英文，他对"人的本质"心理分析的理论给予了现代人许多启示。荣格除了提出气质的优点外，为现代人带来最大的贡献就是发现每个人的本性里都有阴暗的一面，但这软弱、阴暗的一面，反而具有更大的潜力。所以，当我们发觉自己的弱点时，反而可借这个弱点来改变自己，使我们的弱点可以成为我们最大的优点，从软弱中发展出更大的潜力。荣格的父亲是路德会的牧师，他本人应该对基督教信仰多少有些认识，可惜终其一生，他竟不知道保罗早就提出了这方面的含义："我什么时候软弱，什么时候就刚强了。"（林后12:10）在我个人的信仰生活中，自己最有能力彰显福音的时候，常常是情感或心灵上的最大弱点被神更新及改变的时候。

每个人在神面前的心路历程不同，有时我们会自大地以为自己的经历可以成为他人心路历程的"向导"，事实上并非如此。但我相信，在彼此引导的过程中，有一通则可以使用，就是辨认出情感中最弱之处，而使这弱点成为我们心路历程的指南针。

讲到这里，我以个人的例子来作说明。我生长在宣教士的家庭，父亲是一位极有热诚、满有信心的人，当他在西班牙宣教时，并没有依赖任何差会的供应，而是真正倚靠信心来生活。银行账户里经常没有存款，家里也没有饭吃，但父亲相信神在过去借着乌鸦养活以利亚，他必然也会供应我们一家人。后来，六十岁的父亲退休了，本该离开宣教工场回到苏格兰家乡养老，但他并没有这么做，反而跑去学德文，因为他想要让当时的德国人警觉到希特勒的危险性。希特勒崛起的八年间，父亲冒着生命危险去警告那些德国人。在这样的环境下，我对父亲的崇拜是理所当然的。但是，道德上的仰慕，也可能变成自我道德上的瘫痪。父亲能够做到的，我这个做儿子的反而不会做或做不到。因此，我变成一个胆小的人，害怕冒险，没有父亲那般的信心。

所以，当我们认为弱点可以成为心路历程的指南针时，也就是表示在越弱的地方，越需要接受挑战；人在软弱时，反而经历到神的恩典是够我们用的。于是，我接受离开牛津大学的挑战（那里是一个可以让我再服务十年，而样样都很好的"金饭碗"），毅然决定去了温哥华。在温哥华没有金钱、没有前途的情况下，我创办了一所还没有学生的学校——维真神学院（Regent College），第一年只有六位老师及四位学生。当时有些基督徒不理解我的做法，他们认为将一间已有迹象显示快要结束、可能无法继续经营的学校称为基督教学校，实在是妄称耶和华的名。

在我们的情感生活中，有时要经过一个黑暗的隧道，引发一个与生俱来的恐惧，使我们赤裸裸地面对人性最大的弱点。当我们在隧道中看到一点曙光时，却惊觉这不是一点曙光，而是车头灯的光，是一列火车向我们冲来，这景象真令人触目惊心。然而，当我们离开隧道时，又会是一种什么景象呢？你可能发觉正从大峡谷跳下，却没有降落伞，而你却说："主啊，我跳下去必死，但我仍然相信你。"这就是我所说，按着我们性格的弱点来作指引的意思。唯有如此，我们才可以说："靠着那加给我力量的，凡事都能作。"

大多数人与神的关系，就如车的引擎，两个转轮中间有一条带拖引着，但有时候带也会脱掉。许多时候，神的恩典似乎与我们没有关系，一旦有需要时，他的恩典却补足了我们的需要，结果这作用会更新我们的人格及内心，使我们能看到在侍奉中的错误，因为人人都认为自己应该发挥潜能，是要做得最好的，做得最多的。但是，我认为当一个人尽量运用自己天生的才干时，反而是陷入实践性的无神论；因为你很能干，便觉得不需要神，这是自然而发的心态。当一个人被要求做那不可能靠自己力量做的工作时，在那一刻才会觉得自己是需要神。在我很脆弱、很软弱时，我觉得"认识自己"是很重要的，这样可以真正知道自己究竟是谁，因而认识神是能够供应我们一切需用的。

气质界定的方式

加尔文在《基督教要义》中提及，基督教信仰中绝大部分的内容是：认识神，认识自己。认识自己又认识神，倚靠神又认识自己，这就如一活塞从一处通往另一处。

气质的主要功能是什么？气质界定的方式为何？在此可以用以下几种方法加以说明。

一、内向型、外向型

内向型（或内省型）常靠着自己的良知而得力量，比较倾向于独立思考，视"自省"比他人的思想、意见更重要。外向型的人，行事为人倚靠外力，易受社会、潮流、周围人的言论所影响；当他在人前有所表现时，是最活泼的时候。当然，一个人在人面前的表现如何，会影响到我们的信仰生活。所以，有些人酷似使徒约翰，懂得思想、安静、内向以及注重与神交通；而有些人则似彼得，其天然的性格是活泼、好表现。这是我们界定气质的一个方法。

二、感官型、直觉型

感官型的基督徒去到露天的地方，面对满山翠绿、鸟语花香、天高云淡，会自然地欢喜歌唱，心中更是灵歌响亮，发出对神由衷的赞美。但这么一位感受力很强的人，要他在一个密闭的书房里灵修，他肯定会呼天抢地，自然就会很不喜欢这种灵修的方式；因这种性格的人，需要有外在的刺激。感官型的人常常寻找细微的事物来刺激自己，不同于直觉型的人。直觉型的人会寻找整幅的图画，从整幅图去意识，易受"象征"所刺激，而"象征"有一优点，就是能将整幅画的意境呈现出来。所以，当你告诉直觉型的人"耶稣是位好牧人"，他随即会联想到自己是羊群中的一只羊，受羊群及草场的包围。若你告诉他要作基督精兵或客旅，他们随即能从每一小幅图画中看见、联想，甚至勾勒出整幅图画，因为他们懂得使自己的生活、行为配合这些形象。

三、思考型、感受型

思考型的人并非表示比别人想得更多，而是讲求逻辑、合理、准确。感受型的人则主要是靠感觉。美国加州人在倚靠感觉方面是出了名的，例如，若丈夫说应该要这样做，太太却会因为心情不佳，很生气地说："因为今天不高兴，所以不做！"他们不愿意辩论道理，更愿意主观、直觉地认为该怎么做就去怎么做。这种气质也有个好处，就是若与对方的看法有分歧，他们很快就能把意见表达出来。

四、判断型、领悟型

判断型的人并非好论断，而是他每样事情都是按次序、时间表进行的。他的时间排得很紧，各样事情都安排得井井有条，所以，他在早上灵修时，已精确地计划好整天的时间安排。有些民族天生就是属这类型的人，例如德国人，他们是"看时间做事"。而领悟型的人，他们的做人方式与判断型的人是截然不同的。他们不愿意把事情预先设定好，纵使一天中可能遇到很多人打扰他们，他们也不介意，压根儿没想到生活需要什么纪律。他们认为圣灵是灵活的，常会做出出人意料的事情。

气质对人的影响

我们看到各种气质是互有关联的，但最重要的是，要明白这些气质会怎样影响我们的属灵生活。下面以外向型、内向型为例，说明气质是如何影响我们的灵命及侍奉的。

一、在灵命及侍奉方面

外向型的人挂虑世界的事物及世人的情况，所以他们会做布道家；内向型的人较关心自己的羊群、个人的灵命及研经生活。圣经福音书中的两姊妹马大、马利亚，她们对爱主的表达，分别是外向型、内向型的代表。外向型的人透过其他人、事、自然界来领悟神；而内向型的人则注重个人经历及霎时的灵感。外向型的人对神的认识是神的临在、神的创造；而内向型的人会注重神的超越性，与神亲密的灵交。

二、在宗教经历方面

在宗教经历方面，外向型的人较注重群体生活，内向型的人则比较向往有独思的时间；外向型的人最喜欢参与、团聚，而内向型的人则是加入就得到满足；外向型的人带领祈祷会，内向型的人则不去祈祷会。他们在追求灵命增长上的方法不同，外向型是有行动，内向型则是反省。当然，以上所说只是较粗略的分类，但我们仍可以看见，个人是会受群体的趋向所影响。

三、在积极、消极方面

从积极方面来看，外向型的人是进取的，能建立群体、面对广大人群；内向型的人则较注重群体生命的深度。从消极方面来看，外向型的人比较容易发怒，内向型的人比较胆小；所以一个会攻，一个会守。除非他们愿意获得生命的更新，否则，外向型的人会表现得缺乏耐心及肤浅，内向型的人则会表现得略嫌空洞。因此，彼此都需要面对各自的试探。外向型的人所面对的试探是精神不集中，内向型的人则只会想不会做。所以，外向型的人需要学习内省，内向型的人则需要学习参与。

各类气质对我们的侍奉与灵命皆有不同的影响，但有一个通用的基本原则，就是彼此要相辅相成。

认识气质的价值

在教会里有这么多类型的人，我们应该如何共存呢？气质的分类对我们有何价值？我们可以从个人、朋友或配偶、地方教会这三个层面来看气质分类的价值。

一、认识个人的气质

从个人方面来看，我们需要先认识自己，然后才能接纳自己。使徒保罗需要学习接纳自己，因为他并不喜欢自己，在《哥林多前书》15章中，他用强烈的措辞说自己是"妇产科的怪物"（和合本"如同未到产期而生的人"）。"妇产科的怪物"出自钟马田（David Martin Lloyd - Jones）的翻译，钟马田觉得保罗真是一个怪胎。但不要忘记，保罗接着说："然而我今日成了何等人，是蒙神的恩才成的。"（林前 15:10）所以，我们要在灵命方面得到更新及增长，就必须知道神接纳我们各式各样的优点及缺点，而我们最低限度是要接纳"神已接纳我们"的事实。有一首童谣说："最佳的朋友是看透你的一切而又接纳你。"所以，"认清自己"是很重要的事，并且也要认识神在恩典中已接纳了我们。一旦有了这样的认识，我们就能更清楚地认识自己的爱恶喜好等。

另一种态度，是保罗在《罗马书》7:15 中所说："因为我所作的，我自己不明白。我所愿意的，我并不作；我所恨恶的，我倒去作。"保罗的意思是，人若没有认识自我，就没法有真自由；越认识到自己的无意识的行为，内心就越有自由。

我有一位朋友，他认为"天下无不是的父母"，因为父母都爱自己的孩子，理所当然会把儿女照顾得很周到。当他坚定地认为他的家庭背景没有任何不妥时，他却经常发脾气，甚至为了不能控制自己的脾气而感到懊恼。这个现象告诉我们，他的不满是因为他在压抑自己，不愿意正视及了解自己在情感层面的种种压力和动机。人所需要的是谦卑，是知道如何在神面前谦卑，承认自己是罪人，并且接受父母在养育的过程曾经伤害过我们，因为在情感成长的过程中，最大的创伤可能是来自父母前后不一致的做事方法。我们如何孝顺父母？也就是说，是遵守神的诫命，还是顾及自己？答案是存着慈怜的心肠，就可以面对这些问题。父母的罪是会祸及子孙的，我们要以慈怜的心肠待父母，知道他们在成长的过程中同样也受到过伤害，这个态度会帮助我们更了解自己的家庭背景，使我们能够饶恕父母，正如我们在神的恩典中，能够接纳自己一样。

另外，知道自己的气质，使我们看自己更合乎中道，这是正视自己生活的好方法。"认识自我"的另一好处，是使我们知道我们是多么需要他人，因为在基督的身体里有许多的肢体，彼此是互相配合、互相造就及互相服侍的。十七世纪一位诗人说"无人是孤岛"，即不要问丧钟为谁而鸣，自己最清楚自己最需要的那一位是神。正如前文所说，越认识自己，就越能认识神，这是认识自我气质的价值。

二、认识朋友或配偶不同的气质

除了认识个人价值之外，还需认识朋友或配偶的气质。我们在交友的过程中，往往是"异性"相吸，最好的朋友常常是与自己最不相同的，当然也会犯只看到别人的缺点及自己的优点的毛病。所以，异性相吸、同性相斥，不只是在恋爱中才有。一个人在结婚后，夫妻间就会面对要学习欣赏彼此的相异，若没有意识到这点的重要性，就很容易因双方的相异而造成相斥，甚至产生婚姻的破裂。我提醒各位基督徒夫妇，最能让你享受基督徒婚姻生活的秘诀，就是能接受对方的顶撞，接纳对方所表达的不同意见，并且表达完后不会遭殃，借此才能培养出彼此不同的特点。这样，我们才能明白圣经所说"坦然无惧"的确据。一个人在爱和恩典上的基础越强，就越能为彼此的不同而欢欣、庆祝。其实，不能容忍异己的原因，正是因为缺乏安全感；你想做"独裁者"，就是想将"整个世界"变成一个模式，结果反而使自己变得很沉闷。无论在婚姻或交友的生活中，我们都要学习接纳对方的不同，以致能相辅相成，并且消除可能造成困难的张力。

气质不同，会引发哪些紧张的情况？外向型与内向型的冲突通常会在社交生活中浮现出来。外向型的人即使是每晚都参加庆祝会，也会乐此不疲；内向型的人则会受不了。外向型的人喜爱满屋朋友；内向型的人只愿孤单一人。在细微、琐碎的事上，感官型与直觉型的人会浮现紧张。感官型的人比较容易集中在细微的事上，让他们产生紧张的因素之一，可能是在经济预算方面，因为他们对钱财的运用很谨慎；直觉型的人却毫不计较，想用就用。两者是背道而驰的。在作决定方面，思考型与感受型的人也会造成彼此的紧张情况。思考型的人凡事都根据数据、事实，每样事情都按着合理的步骤作出决定；感受型的人则会指责思考型的人麻木不仁，指责他们不理会别人的感受、彼此的交情，而强迫别人接受一些事实。在选择、决定上，判断型与领悟型的人也是有分别的。前者做事会提早计划，后者则是走一步算一步。所以，我们渐渐发觉到，一对男女恋人，若不认识以上所说的种种可能情况，而贸然去结婚，将会浪费双方很多的努力。因此，最好在婚前对双方有基本的认识。

三、认识教会中不同气质者的配搭

不同的气质又会如何影响我们的教会生活？在教会生活中，作决策是很困难的。感官型的人会请大家注意某些事情，并将一切的事说给所有人听；直觉型的人则建议大家应为将来作准备，常提出新的方法、建议；思考型的人很谨慎，凡事都要研究、分析；感觉型的人则认为要明白及体察别人的感受。

那么，面对不同气质的人所产生的不同观点，要如何达成和谐？我们可以运用"Z字形"的决策方案。首先是让感官型的人搜集各种资料，准备作为研究、认识别人的经验报告；将感官型中的精英分子挑选出来，请他们将所得的资料告诉小组的成员。接下来是找出直觉型的人，他们擅长发表意见，可以将他们所有的思想、意见表达出来。第三步则是将所得的结果交给思考型的人，这群人会将其逻辑、思想、理由组织起来，撰写成一篇报告。值得注意的是，千万不要将最后的决策交给思考型的人，而应该交给感受型的人，因为感受型的人能根据资料作出最好的决定，他们能感受到整体的需要。

改变气质中的软弱

在一个人的成长过程中，上述气质在幼童阶段尚未能建立；在六至十二岁时，主要的特质开始浮现；十三至十九岁的少年时期，主要的气质及相关的特性会渐渐发挥出来，但尚未定型（所以，这是青少年需要同侪及周围人给予肯定的原因之一）。在二十至五十岁的时期，人的气质虽然已经定型，但是这个年龄段的人普遍认识到：若想在人格方面得到完全的发展，人还需要有一种改变，因而这个年龄段的人还有一些改变的机会，这些改变可以表现在情感生活方面，也可以表现在属灵生命的发展上。

作为一个基督徒，我从自己的经验中发现，能深刻认识到基督的全然富足，是因为知道他可以使我们感情方面的弱点，变得更加圆浑，并得以发展。但如何知道自己的弱点在哪？如何经历神的恩典，进而改变气质中较弱的功能？当我们疲乏、不高兴、面对压力、紧张，应付紧急情况或面对生命危机时，气质中潜伏的弱点便会浮现出来，这时候我们反而能够更深刻、更清楚地认识自己。这些情况不一定都使我们感到沮丧，有时反而会令我们高兴，因为我们会发觉气质中的优点、强项，而这是比较不易受环境因素影响而产生变化的。透过这些情况，我们仿佛拥有一扇看透内心的窗户；但最重要的是，我们不需要压抑气质中的弱点，因为这可以使上帝的恩典有机会进入。

一、培养写灵修日记的习惯

改变自己弱点的方法，就是特别为最不喜欢的事祷告，例如，容易说谎，忽视别人的忠告或经常焦虑。在这些弱点上，深切恳求上帝帮助你。此外，培养写日记的习惯，将自己的心路、思路历程写出来，将自己的感受写在纸张上，把耶稣当作收信的朋友，对他倾吐内心的一切感受。如此一来，你会发觉是很有帮助的。求神与你做好朋友，并借着他的恩典，将你的弱点化为优点。

二、以个人风格发展与神的关系

此外，我们也可以反省自己的祷告方式。在灵修时间中，以合乎自己本性的方法，自然地在神面前表达自己的心思。每个人的祷告生活都有自己的特色，不要误以为每个人都有相同的灵修方式，因为人都不一样，灵命历程也不一样。我有一位大学同学，他的祷告风格与我完全不同，当他默想经文或思想神时，几乎同时就可以将这些默想或思想化为一篇讲章。然而，不是每个人都可以像他一样，有些人甚至不会表达内心的感受。有些人的祷告可能是在神面前的沉思，最享受的是与神无言的同在，就好像"无声胜有声"的恋人一样，问他们为何不作声，他们却能说出无言中所要表达的一切意思。每个人与神交往的方式都不一样，最重要的是个人以最合适的风格来发展与神的关系，并使这关系越来越肯定、越有把握。如此，这并不会使我们自满，反而会更加鼓励我们向前迈进。度假、退修就有这些好处。我们应该与神立下协议，表示自己愿意继续开拓自己的阴暗面（即未开发的范围），并且愿意在那一方面成长得更像基督。

耶稣是哪一种气质的人？答案是：完美的，因为他在各方面都是美好的。所以，我们要在基督里成长、长大成熟。成圣之道乃是平衡之道，使我们生命中的各层面得以更平衡地发展，如香膏的玉瓶有对称的形状，每一方面都是对称的，这是我们在神面前可以实践的应许。

第 2 章
基督化的品格塑造

"品格"一词是借用了印刷业的用语，原来的意思是指："用原粒上的模样印在纸上，而有一永存的记号。""品格"在本书指的是一种持久不变的行为模式，是个人的信仰与行为的核心。当一个人应征工作面试时，不只需要有学历证明，还要有对个人品格的推荐信来说明你的为人。同样的，信仰对品格方面也有长远不变的要求，信仰不能仅仅停留在理性及认知的层面。

今天，基督徒大都重视塑造一套属于自己的基督徒人生观，也就是要拥有基督徒的"头脑"，从基督徒的眼光来看世界事物，以便凡事得到一个让心智能满足的答案。但是，若只强调建造个人的人生观，意味着你仍可以做一个旁观者，因为你的思想不一定能真正影响你如何做人。也许，比这人生观更重要的，是要有基督徒的人生行事模式。这并非只是在玩弄字眼而已。当我们说要有真实的基督徒生活时，是因为我们的信仰不只在思想上需要基督化，在行为上也需要基督化。而那些被西方基督教界所重视的理性，其实受希腊文化的影响远超过从圣经信仰而来的影响。

以神的道塑造品格

在希伯来文化里所重视的，不是能看东西的眼睛，而是能听神说话的耳朵。所以，人对神的认识，不是来自人的思想测度，而是从聆听神的话语而来，人的角色是听神话语的仆人。圣经记载，一个顺命的仆人，在他的耳朵上有穿孔的记号，意思是他的一生都要听命于他的主人；并且他的态度是要经常等待主人发命令（参出 21:6；申 15:17）。这是我们在旧约中看到的做人模式，也是今日基督徒需要对神持守的态度。

一、有正直的品格

"基督徒"的意思是耶稣基督的门徒，是跟随基督的人。所以，基督徒生活的重心、焦点是基督，唯有如此，我们才能做一个效法基督的人，这也是保罗常常提醒信徒需要去努力的。旧约中，我们看到"守约"的重点不是在理念、哲理或宗教理想，而是在与神的关系方面。古代以色列人认识到有一些人物，神透过他们的人生来传达他属天的启示。例如亚伯拉罕、以撒、雅各，以色列人不但将他们尊为列祖，而且还把神称为亚伯拉罕、以撒、雅各的神；他们领受了神的应许，因而整个生命乃是体验应许的过程。《诗篇》1篇可以说是整卷诗的序言，描述属神的人（义人），就是这样的人：不站罪人的道路，不坐亵慢人的座位，口出智慧的言语，行事公义，在神面前谦卑，与神同行，喜爱耶和华的律法，昼夜思想。事实上，他们整个人生的品格，都受神话语的塑造，所以有真正"正直的品格"。同样的，《诗篇》119篇描述了一位按神的道而行的人，他为神的道欢欣。

以神的道来塑造自己的品格及行事准则，与单单只有一套宗教思想是截然不同的。在旧约中，对神话语的亲身体验是预备我们迎见新约里的基督。当一个人说他是基督徒时，他应该是有似基督品格的人，因为耶稣基督是这完美生命的实体。所以，《腓立比书》2:5的另一种翻译是："愿基督的品格也成为你的品格。"《希伯来书》12:2："仰望为我们信心创始成终的耶稣。"当基督期待国度来临的时候，他宣称神的国已经在你们中间了。所以，如何形成基督的品格是今天基督徒不容忽视的。

二、真葡萄树的比喻

《加拉太书》5:22－23 是大家很熟悉的经文，告诉我们关于圣灵所结的果子。"仁爱、喜乐、和平"是指我们与神的关系，"忍耐、恩慈、良善"是与人的关系，"信实、温柔、节制"是与自己的关系。纵面是与神的关系，横面是与他人的关系，与自己的关系则是内在的，我们所有的关系及态度都与这三个方面息息相关。这种整全的看待品德的眼光与我们一般的眼光是不同的。在欧美地区的新年，各人都会许下新的愿望，如要更加守时、更加有礼貌、更加节制等，但是，如果我们认为只要这样做，我们的品德就可以得到改进，那我们的认知仍然是很有限的。

基督徒品格的重点，是人生所有的范围都在基督里面。耶稣以"真葡萄树的比喻"提醒我们，当我们全人的每一方面都在基督里面，正如葡萄树的枝子连于葡萄树时，我们人生中的每一角落才会有耶稣基督的影响力。《约翰福音》15:4－5 说："你们要常在我里面，我也常在你们里面。枝子若不常在葡萄树上，自己就不能结果子；你们若不常在我里面，也是这样。我是葡萄树，你们是枝子；常在我里面的，我也常在他里面，这人就多结果子；因为离了我，你们就不能作什么。"从这里可以看出基督徒品格塑造的重要性。

耶稣与当时的宗教领袖所争辩的核心也在此，因为他们以外表行为来建立自己的信仰体系。耶稣基督强调信仰的中心正是人心中的一切，也就是说，自己内心的情况与品格才是最重要的。使徒彼得在这方面有很好的结论："那召你们的既是圣洁，你们在一切所行的事上也要圣洁。因为经上记着说：'你们要圣洁，因为我是圣洁的。'"（彼前 1:15－16）我们的行为与内心并没有任何分割。

三、追求圣洁的品格

"基督徒"这名词在圣经新约里只出现过三次（参徒11:26，26:28；彼前 4:16），较多使用的是"圣徒"一词，且"圣徒"多用来形容跟随耶稣的人。"圣徒"在希腊文的意思，就是过圣洁的生活。"圣洁"的原文是分别出来的意思，所以"圣徒"是专为耶稣而活的人，其身、心、灵全都属乎他。我们实在很需要强调这个真理，因为今日许多基督徒的表现，几乎与世人没有分别。北美教会最令人心痛之处，就是教会与社会人士的分别很小，淫乱、离婚率与世人差不多，基督徒的家庭与普通人的家庭也没有很大的分别。既然与世人无所分别，那有什么见证可言？

在教会历史上，有景仰圣人的事实，虽然有时会出现偏差，但却可以帮助我们看清一件事，就是对圣人的景仰可以让我们认识这些人所拥有的圣洁品格和生命，他们的生活、行为被公认为能够彰显福音真理，这正是跟随基督的人最需要有的。《使徒信经》说"我信圣徒相通"，这句话的重点是指我们与其他信徒有一共同的目标，就是追求有像神的品格。当然，有时也会出现对圣人过分景仰的情形。很奇怪的是，教会中的圣人有百分之八十五是男性，而其中的百分之八十五是按立受圣职的。一般而言，圣人之中缺乏女性及一般信徒。而天主教的大部分圣徒，还是意大利人呢！若从社会学角度来研究何谓圣人，将会是很有趣的现象。话说回来，圣经新约中所说的圣徒，虽不同于天主教所列出的圣人，但都承认敬虔生活的重要性。现今社会中，基督徒品格的腐化是显而易见的，其中一个原因，可能是今日牧养的职事中，对才干、学位的强调，过于对个人品格及属灵情况的注重。所以，我相信教会要复兴，就必须要有敬虔生活、圣洁生活的复兴。

基督徒的伦理与品格

现代伦理学专家对伦理与品格有何看法？二十世纪六十年代初期，在牛津大学已经有人开始讨论："一个人如果没有宗教信仰，是否仍可有道德？"当然，在今天世俗的教育界，也很重视德育价值观念的教导。哈佛大学教授古尔伯在这方面有最多的看法，他提出了"救生圈的伦理观"（Life buoy ethics），做了一个很荒谬的测验，就是假设十二三岁的小孩在怒海中挣扎，但是只有几个救生圈可用，这些孩子要决定到底哪一个救生圈是留给他的。要小孩子做这种测验、思考，我觉得很荒谬，也许这只是哲学家才会玩的游戏，小孩子不曾玩过。他们这种假设是：人的道德行为是受理性活动的影响，即人所有的行为都是由理智、思想决定的。若是这样，学者一定是世界上品德最好的人。但令人尴尬的是，现代学者们会想，但不一定会做到。有一次，我在伦敦法庭内旁听一宗离婚案的审讯，其中一位当事人是专门教授伦理学的著名学者，但这位学者的滔天谎言，令那位法官几乎不愿主审该案件。这位受欢迎的伦理学教师，本人却没有一点"伦理"。

另一位学者尼尔伯，他在《负责任的自己》一书中提出了另一种看法。他与古尔伯的思想不同，他认为："一个有道德的人以他的道德经验作指引。"也许我们可以称尼尔伯的伦理观是一种"负责任的伦理观"，即作为一个有道德的人，应该有负责任的伦理观，且对各种反应必须作出解释。也就是说，作为一个有道德的人，有责任问："我们在做什么？"若是一个相信神的人就会问："神在做什么？"这样一来，我们就有道德上的分别，并从分别中作出自己的抉择。如果抉择面临进退维谷的局面，自然就会由道德来指引；实际上，这个指引与个人的道德决定是分不开的。但是在生活中，若每时每刻都在做道德抉择，将是一件痛苦的事。事实上，我们常常不经思考便自动作出反应，这些反应有时是冲动的，有时是习惯性的。所以，道德行为不完全是透过道德选择而产生的。或许尼尔伯是受了近代著名基督教神学家如巴特（Karl Barth）等人的影响，这些人说道德行为与命令有关，而我们需要顺服。

我们或许应该从另外的角度——侯雅士的"品格伦理观"——来解释和了解基督教的伦理观。意即看基督徒的行为，不是只看此人在什么情况下该怎样做，而是更关注他的生命本质。"品格伦理观"有比较持续而全面的看法，指出人的品格是能不断成长及变化的，可以体现出人是整全的，是能成长的。所以，当我们提到品格时，基本上是触及一个神学观点，即当我们知道自己蒙召是为了效法耶稣基督，我们的人生便有了目标及异象，这巨大的目标及异象可以概括我们整个人的存在。重视品格的建立，能将我们所有的心思意念和行为都包括在此目标的影响下，最终使我们成为一个完全的人。

所以，基督徒生活的特征不只是在尽责任，而是重视全人的发展。我们不只是在头脑上认知福音，更需要信仰与行为合一，并能够经历福音的大能，使我们的躯体充满生命力，可以实践、体验福音真理。这并不等于在基督徒生活中不需要强调尽责，亦非说个人品德不重要，而是我们不应该将品德单独抽离出来，因为它与基督徒品格是不能分割的。

现在尝试分辨以上这三位伦理学者的论点：古尔伯是完全重视理性分析；尼尔伯认为人要自觉地作道德抉择；

我个人觉得侯雅士所提出的品格与基督徒生活是比较接近圣经的教导。

有异象的伦理观

有异象的伦理观，是不同于守法的伦理观（认为知道所有的规矩，知道哪些可做或不可做）。保罗的改变是因大马士革的异象，使他整个人生都被扭转。在《使徒行传》中，保罗至少有三次提及他在大马士革路上的经历，每一次谈及，其内容的深度似乎都越发加深。第一次是见到"从天上发光……就仆倒在地"（徒 9:3 - 4），第二次是"忽然从天上发大光……"（徒 22:6），第三次是"晌午的时候，看见从天发光，比日头还亮……"（徒 26:13）。当我们成为基督徒时，或多或少都会有类似的经历，或许并没有像保罗的经历那样戏剧化，但无论如何，当我们面对基督时，我们个人原有的价值观都会改变。成为一个基督徒，不只是头脑确认的结果，也并非是一套规矩，真正能够改变生命的力量，是我们不能不注视的异象！

美国著名的天主教短篇小说作家奥康纳，在她的一篇作品中，让我们明白什么是"有异象的伦理观"。她在文中提到，在美国南部有一对养猪的农民夫妇，虽是黑人，但很富裕。这位黑人太太在道德上非常自满，小说中对她的描写是："身躯肥胖，非常自满。"这位胖太太有时候晚上失眠时会思想自己到底是谁。在小说中，耶稣在没有创造她之前，曾给她两个选择，一是成为黑人，二是成为"白垃圾"（对穷苦下等白人的蔑称）。她对耶稣说这两样都不好，她要求等到有第三种选择再出生。耶稣拒绝了，要她一定要两者择其一。尽管她跪地哭求，仍改变不了耶稣，最后她决定做黑人，但不要做邋遢鬼，于是她被造成一位很清洁的黑种女人。在人种等级内，除了自己的族类外，她把其他肤色的人种放得很低，甚至鄙视某些人，这就是她的品格。有一天，她陪伴丈夫去看医生，在候诊室内等待时与一个白种小女孩共处一室。她本来就很藐视白人，加上她自己曾在美国某常春藤名校就读，就更瞧不起这小女孩。忽然间，这小女孩竟向她扮鬼脸，并对她说："你这只猪，滚回你原本出来的地狱去吧！"小女孩的声音低沉，咬字却很清楚，她听了之后，几乎晕厥过去。她怒火中烧，到家后更是念念不忘这可怕的遭遇。于是，她向神呼求："神啊，你为何将这苦难给我？你干脆把我造成'白垃圾'，要不然就使我成为一个真的黑人。"她很生气，因为她以为神使她没有尊严。

有一天黄昏日落时，她在她的农庄散步。当她抬头仰望，忽然看到一个景象，一大群人正纷纷冲上天空。群中有一大堆"白垃圾"，他们是有生以来第一次被洁净；也有一大群黑人穿上白袍；还有一大群疯的、畸形的、像青蛙般一边拍手一边上升的人。她发现在最末的一群人中，都是与自己和丈夫同类的人。不过，当她往前走看得更清楚一点时，她发现这群人趾高气扬地走在整群人的最后，还自以为他们是有秩序、有尊严、有常识、有好行为，甚至是唯一被选中的族类。然而，当她发觉这些人在世上的所有的德行，包括神所赐的智慧及小聪明都要被火烧去的时候，她立即抓住了前面的猪栏，定睛看清这幅景况后，就拖着疲倦的身体回家了。

这位太太的新发现使她过去在道德上的自满完全破产。我们可以说这位太太的新发现是经历了三个阶段。第一阶段是有强烈的挣扎，她意识到在自己的良心上有明显的斗争，这个斗争在她人生中已存在很长的时间，过去的自夸只是想控制这场斗争；过去对他人的偏见、歧视，只是斗争的一部分。她一直挣扎的原因是自己不愿意面对现实，她需要自我保护，所以转眼不看真相，就变成了自欺。在此，她的第一阶段已经被粉碎。第二阶段是斗争中的插曲，她将注意力不放在自己身上，而放在别人身上，并将自己的罪疚投射给别人。第三阶段是她渐有领悟，当她看见天上的景象后，发现自己不是列在第一，而是最后。过去一切的虚假、自以为义，完全被火烧毁后，她开始以全新的眼光看待自己。

圣经用"悔改归正"一词，便是这意思。我们对人生需要有全新的体会，才能使我们的习惯及态度得到彻底的改变。我们需要有谦卑、信靠，谦卑到能够接纳自我形象被粉碎；而信靠是相信神能够将更美好的新人给我。当一个人的假面孔被撕破，才能有真面孔，才能有颜面见神；之前过于注重面具的掩饰，对于自己是否还有真面孔都浑然不知了。求神给我们一个属于我们的真面孔，使我们能够凭着爱和信靠放下一切，这才是有异象的伦理本质。

品格成长的因素

生长在基督化家庭的人所面临的难题，是他们在信仰上没有经历过重大的打击与挣扎，而是很自然地成为基督徒，这就很容易变得像前面提到的黑人胖太太。这些人从来没有个人生命被神破碎的经历，在道德上的自满自义，或许是他们的灵命之所以不长进的原因。生命中若没有经历过失丧，又如何能经历得救呢？所以基督徒需要"认识自己"。圣经记载了许多伟人的生平传记，如对雅各、大卫等人的人生遭遇都有完整、清晰的描绘。关于他们所有的犯罪行为，上帝也毫不保留地清楚记述，并流露出他的信实及怜悯。圣经对这些人的记载和措辞，很适用于品格研究。此外，对福音所作的见证，必须是一真实的故事，就是叙述我们人生的历程，神是如何对待、改变我们。当我们读约翰·班扬的《天路历程》，或罗维伦所写的书时，就会发现他们在描写基督徒的生活时，通常是从品格的角度来着手，以人物的生命历程来描写，并非只是以一套抽象的理论、道德规矩来写。

一、有亲身的经历、异象

　　每个人都有自己的故事背景，没有人能取代你的故事。所谓个人见证，并非只是阐述个人对抽象真理有多少的认识，而是将自己个人生活的经历与他人分享。我们的人生历程如何，其中有哪些特点最为重要？除非我们能将自己的经历与人分享，否则我们永远不能有效地成为基督的见证人，因为我们不能总是用"二手货"作见证。《约翰福音》9章记载的那位生来就瞎眼的青年人，虽然他并没有文士、法利赛人的才智，他的见证很简单，承认自己有很多事都不懂，但他知道一件事："从前我是眼瞎的，如今能看见了。"（约 9:25）这是我们需要承认及宣告的事例。另外，我们需要向圣灵敞开。我们是不完美的，我们必须要追求成长。属灵旅程的起点，就是当我们向神开放之时。使徒保罗曾对神说："主啊，我当作什么？"（徒 22:10）以赛亚向神说："我在这里，请差遣我。"（赛 6:8）因此，每个人都需要对神有自己亲身的经历、异象，也许我们没有伯特利的异象（参创 35），也没有燃烧荆棘的异象（参出 3:2），更没有以赛亚在圣殿中的异象（参赛 6），但无论如何，请你对神持有异象。

二、直入心坎的经历

每星期三早上，我在温哥华与一些机构的最高行政人员共同有祈祷会，当中有些是该区商界领袖。我的小组内有一位可能是加拿大西部最优秀的税务律师，他是一个相当精明能干的人，而他悔改归向基督的过程源于一次很特别而有异象的经历。有一天，他下班回家，一如往常地坐在火炉边喝酒。当他面对火光沉思时，他想到自己在专业上非常成功，但在内心深处却感到非常不满。忽然间，他觉得有人在拍他的肩膀，而他不需要转身就已知道是谁，因为他明白"是神要他注意"。神秘经历之所以重要，是这经历本身比一切感官上的感受更重要。当神亲自临在我们的人生中，并非要引发我们的好奇心；或当我们想到保罗所遇到的大光时，并非问他所见的光是什么颜色，也非从光学的角度看那光的强度，而是使人在道德上有所响应。神临在我们人生中所带来的经历，是直入我们的肺腑心肠，切切实实地渗透、刺透我们整个人。当我们被神触摸时，我们的回应一定是："主啊！我当作什么？"若神曾经临在于你的生活中，你已不再需要第二次类似的经历，如使徒保罗的经历，或那位胖太太的经历，因为一次已经足够了。

当我们开始意识到原来是神亲自与我们会面，我们就知道自己不可能走回头路了。我们需要时时敞开自己的耳朵倾听神的轻声细语，那是他随时随地向我们所发的声音。旧约中有很多例子是人听见神微小的声音，如《出埃及记》31:3，描述耶和华召比撒列："我也以我的灵充满了他，使他有智慧，有聪明，有知识，能作各样的工。"比撒列的生命是全然属乎神的，以致能认识到他一切的才干也是属乎神的；认识到他所能作的一切，乃靠神的灵方能成事。德国音乐家巴赫（Johann Sebastian Bach，1685－1750），在他所创作的每一篇乐章的签名处，都注上"荣耀归于神"！

三、有属灵的分辨能力

还有另一种经历，就是我们有属灵的分辨能力，正如旧约先知所见证的。例如，以西结说："他对我说话的时候，灵就进入我里面，使我站起来，我便听见那位对我说话的声音。"（结 2:2）或撒迦利亚记载万军之耶和华如此说："不是倚靠势力，不是倚靠才能，乃是依靠我的灵方能成事。"（亚 4:6）

从成长背景看信仰经历

今天，我们基督徒的生活正面临极端的个人主义。我们需要从实际的环境里看个人的信仰历程，认识到神对我们的呼召乃是一生之久的呼召，这包括了一生一世的侍奉，因此是需要有异象及忍耐的。一旦有了这样的眼光，就可以明白约瑟在埃及能够对他的兄弟说："从前你们的意思是要害我，但神的意思原是好的。"（创 50:20）由此观之，我们需要了解属灵历程，因为它对一个人的信仰经历是很有帮助的。我们的背景、家庭、所受的训练，以及我们所拥有的机会、恩赐与才干，神全都知道。我们需要看见这整全的综合，也即知道这些都是神为我们所定的抉择，但并非是永远的、一次就定型的事，而是一个过程，并且有进步的空间。路易斯（C. S. Lewis）的名言是："没有凡人，与你交谈的，没有一个是凡人。"我们需要看到神造我们每一个人的独特性，为要使我们成为一个荣耀的人。所以，我们需要从如此广大的眼光来看自己，进而使我们的人生中并没有所谓的"偶然"。

我们需要从神对我们生命的呼召中，以全面的眼光看自己，并认识到在神的恩典中，他不会浪费任何事物。因为没有一件事可以真正使我们挫败，以致不能前进；唯有骄傲才会使我们的生命有所浪费，使自己得着生命的，是借着我们的谦卑。因此，认识自己的人生经历是相当重要的。可惜的是，那些在非基督教家庭中长大并后来信主的人，往往强调决志信主后的重要性，特别看重信主后的生活，却反而忽略了个人在信主前的家庭及背景，以为过去的一切不会影响个人信主后的表现。但是，我对这个看法颇不以为然，一个人不仅要重视得救以后的生命，还必须要了解他未得救之前的家庭及背景，以致在更广阔的范围内，甚至在我们消极的情绪中，可以看到上帝对我们的更新，使我们的信仰更加丰富。

在旧约中，我们可以看到哈拿因不能生育而沮丧，可以想象她所受的苦是何其多。但神岂不是使用了哈拿个人创伤的经验，塑造了撒母耳的生命。神在撒母耳身上已有特定的心意，就是借着母亲因不能生育而产生种种抑郁的心理，让神的旨意得以成就——母亲诚恳地将所得的儿子献给耶和华。哈拿的响应行动一直影响着儿子撒母耳的生命；所谓胎教，都成了神给撒母耳的呼召（参撒上1:27－28）。我们因此可以看到神对我们的品格塑造是多么的无微不至。

旧约《创世记》记载以撒之妻利百加怀了双胞胎，小儿子雅各未出母腹时，就已经在母腹中与他的哥哥以扫相争。雅各尚未出生，"相争"的精神在他的内心深处就已经存在了。圣经对于雅各生平的记载，有大部分是关于他如何用诡计对待父兄的。雅各的人生一直在争，不能与兄弟以扫争，就在雅博渡口与神争。之后，雅各与生俱来的斗争精神才被神直捣黄龙般地降服（参创32）。在新约，我们可以看到提摩太的生命是受了两位敬虔妇女的影响，就是他的外祖母及母亲。这两个女人影响了提摩太孩提时的灵修生活，以致他有毕生受益的基础。另外，我们还可以看看莫妮卡对她儿子奥古斯丁（Augustine of Hippo）

的影响。由此看来，我们千万不要轻视父母对儿女在情感、情绪方面的影响，因为这也是神对你生命呼召的一部分。同时，不要忽略自己的生活环境、成长过程、家乡、大学生活或所属的文化背景等，这一切都是神所知道的，并且用以塑造我们的品格。我们将会发觉人生中的每一小节，原来都有其重要性；假若我们不能从我们人生的琐碎细节中，看见神所编织的全幅图画，那是因为我们小信的缘故。

在我回顾过去的岁月时，当我年纪越大，就越能体会神在善用我的每一次经历、每一个背景。所以，让我们对神有开放的态度，不要压抑自己人生中任何一样经历，反而要深信他会善用我们每一个际遇，让我们看见他是如何成就他的旨意。因为神是按着你的名字呼召你，使你成为属他的。

顺服的检查站

在人生的过程中，可能某些事物会使我们内在的生命受到阻滞；然而，或许我们可以视之为顺服的"检查站"（check point）。因为有些事情可能看起来似乎不重要，却像检查站般吸引我们的注意，使我们能转眼看更重要的事物。记得我在学生时代，曾经到意大利的罗马游玩，有一天，当我走在路上时，一位美国水手截住我，硬要我买一块布。对方利用我的贪婪赚取我的钱，我似乎占到便宜，后来才发觉上当了。这是我年轻时期的经历，却给我极深刻的印象。令我感到不愉快的，不是我被骗，而是因被骗而揭发了我内心的贪婪。这个经历对我来说，是我人生所遇见、永不能忘记的检查站。当我在大学开学的第一天，打起校服领带时，非常趾高气扬，但我的老朋友却说我在那一夜之间变骄傲了。我听了之后很不高兴，立即除下领带，并永不再戴上，这是我的另一个检查站。

当我们发觉自己坠入爱河时，若恋人是一位非基督徒，甚至会使我们远耶稣，那么面临分手的抉择时，可以说是在情感上遇到的检查站。此外，我们可能发现自己有某种雄心大志，而这可能会影响到我们的信仰生活时，是否要放弃？这也是另一个检查站。当我们必须要面对曾令自己受很大创伤的人时，我们要学习饶恕；或是我们必须面对一些不曾正视过的罪，一些从没有校正过的行为时，我们要承认；或是我们看见一些神的真理，自己从未体验过，却要立刻凭信心去尝试。这些都是我们人生中的检查站。

阅读许多基督徒的属灵传记，可以让我们看见他们人生中有许多不同的检查站。对读者而言，那些可能都是琐碎的事物，然而当你能够将这些琐碎事物置于一幅所谓灵命的鸟瞰图时，就会发觉这些事对个人灵命的成长是很重要的。几年前，我去退修时，求问神是否应设立某一基金，因为所有迹象都显示设立这基金是挺合乎常理的，并且由我本人来担任此事也是最恰当的。我就禁食祷告求问神，要看这事是否该做，但神给我的答案是否定的。当时我不知道为什么，但心里知道我要听神的话，不应该去做这件事。六个月之后，我才知道原因，原来是神的灵有智慧地引导我不要陷入一个错误中。除非我们愿意用心留意、体会神的灵的引导，否则我们的生命会陷入许多的错误中。

我们在《使徒行传》中看到巴拿巴的属灵生命是一级一级成长的，因为他等候神的话语；同时他也是一位实践真理的人，因此他的生命不断茁壮成长。他被神使用，由耶路撒冷教会差派到安提阿，为要了解当地外邦人信主之事是否属实（参徒 11:22）。当一个人的灵命一直成长时，他侍奉的范围也会越加广泛。大人们在看小孩子画画时，通常会一头雾水，不知道孩子所画的一点一点代表什么意思，然而将这些点连接起来，便会看到一幅图画。我们灵命的成长也仿佛是小孩子学画画，要让神的道来连接我们人生图画中的每一点。在我们的人生尚未终了之前，这幅图画不算完成。

一、考验我们的异象

神用许多方法检验我们个人的生活是否整全。他先考验我们的异象，然后带领我们经过一些际遇。在这一过程中，我们发现摆在面前的，可能有试探、有苦难、有逼迫，以致我们的顺服、忍耐受到考验；或面临要接受不同意见、不同引导，以致我们的鉴别力、洞察力，甚至忠心都受到考验。在这一切的考验中，我们可以绘出一幅生命不断成长的图画。在侍奉生命中，我们发现神会将微不足道的事工给予我们。当我们在小事上忠心，必然会发现神逐渐将更大的责任托付给我们，使我们渐渐地像圣经中的提多一样，可以体会神给予我们的侍奉是那样的多姿多彩。例如：提多有三个任务，一是去服侍哥林多教会（参林后12:18），二是前往克里特岛（参多1:5），三是往挞马太去（参提后4:10）。提多的差事越来越重时，他也越来越有胆量，越来越能正视所面临的难关。尽管提多是个很能干的人，他也不可能一次就完成所有的工作，而是随着他的成长，他所被赋予的责任才逐渐增加。

二、与属灵人的接触

另外，我们可以在属灵传记里看到一些事实，即神会在不同的时机，引导我们与不同的属灵人物接触。可以说，神是属灵的编导者，舞台、剧本、布景、剧情都是他一手策划的。他会在合适的时候，将合适的人物，带进我们的生命，甚至我们阅读的每一本书都不是偶然的。或许他会差派某人向我们说话，当我们需要鼓励时，他会鼓励我们；当我们需要具体的引导时，他会在合适的时机给予；

当我们面对危机、在重要的转折点时，他会向我们发出挑战；在侍奉的生涯中，他会亲自为我们开门，这是没有他亲自打开就不能看见的门户。当我们将自己放在神的安排带领之中，就越能放下自我、放下自己的控制，愿意追随神的旨意。神也会以独特深刻的方法，时时刻刻地带领我们。

多年前，一位已信主的著名英国记者的太太，翻译了十七世纪的一本法文著作《全然交托》，这是一本奇妙的书，引导我们看见神在每一日、每一事都带领着我们的生命。我有一位朋友的俄文相当流利，他的使命是要到苏联去侍奉。当他到达苏联某城市的街角时，他问神："神啊！你今天要我去见哪个人？请带领我。"就在他站在熙来攘往的人行道上时，他顿时感受到一股冲动，催促着他去跟某个人说话。原来，那个人是一位基督徒，透过此人的介绍，他认识了当地的教会，并在那儿展开他的侍奉。或许你对这种生活方式感到很独特，但是，若你仅是依葫芦画瓢，你可能会学得一塌糊涂，因为这必须要有神的呼召。或许到目前为止，神并没有这样呼召你。我在这里要表达的，不是只有以戏剧性的方式才可以服侍神，事实上，回顾神在编织我们生命的过程中，我们所遇之事并无轻重之别，因为神叫"万事都互相效力，叫爱他的人得益处"。一旦你能亲身体会这个真理，你就更有资格去引导别人的灵命。

今天，教会重要的职事之一是属灵导引，就是帮助别人分辨人生中所遇见的事，以致可以成为实现此人潜质的桥梁；并且能给予对方及时的忠告，打开他的属灵眼光，使他在迷惘中有盼望。此外，我们彼此之间也需要有一种属灵的友谊，能帮助彼此看见对方的生命是充满着伟大的潜质，因为神愿意使用我们每一个人去帮助别人，使他们的心得到鼓舞，使我们每一个人都能因此而更加亲近神。

我们的情感、情绪，所经历过的痛苦、创伤，或是为达成自己心愿时的那一种迷惘，或是内心所含有的疑惑，让这一切的事物，都成为神在编织美丽图画中所使用的线。因此，侍奉的首要条件是，当别人面对危机、预备改变、预备聆听、寻求忠告时，我们可以及时出现，因为神会给我们鉴别力可以及时去帮助人。为何有些人在属灵的鉴别力上，似乎胜人一筹？我相信拥有属灵鉴别力的重点在于无私无己。当我们自私地只寻求自己的利益时，眼睛便会被蒙蔽；然而，当我们看见原来是神自己在编织这美丽图画之时，我们就会变得越来越无私。

愿神帮助我们每一位，能看见他在我们生命中所作的工是何等奇妙，以致我们能从整幅图画中看出，原来我们一生所经历的每一件事都不是徒然的。我相信神为每一位都预备了盛载眼泪的瓶子，每一滴眼泪、每一声叹息，神都知道。并且，将来在天上，每一滴眼泪、每一声叹息，都会得到神自己的祝福。为何天堂充满了喜乐？因为地上充满了痛苦，而地上一切的痛苦，终有一天会变成在天上向神的赞美。无论你的经历是积极的，或是消极的，都不要错失，因为属于你自己的那一本传记是独特的，是无人可取代的。我们的福分，就是能宣扬自己的故事，以致神一切的荣耀、福气，都能得到颂赞。

第3章
良心省察

　　各位都是中国人，肯定都受过孔夫子的教导，要凭良心做人、按良心办事。我相信孔子早期的思想认为良心之道乃是符合天道，他之所以有这样的洞悉是有其特别的背景。据我了解，在公元前七世纪到公元前六世纪，中国人对良心的解释是很个人化的，后来才渐渐以非个人化的角度来诠释。奇怪的是，在今天的教会中却不常听到关于基督徒良心的教导；在此，我愿意大胆尝试来探讨、了解"良心"的教训。

凭良心求引导

　　论到祭偶像之物，我们晓得我们都有知识；但知识是叫人自高自大，惟有爱心能造就人。若有人以为自己知道什么，按他所当知道的，他仍是不知道。若有人爱神，这人乃是神所知道的。论到吃祭偶像之物，我们知道偶像在世上算不得什么；也知道神只有一位，再没有别的神。虽有称为神的，或在天、或在地，就如那许多的神，许多的主。然而我们只有一位神，就是父，万物都本于他，我们也归于他；并有一位主，就是耶稣基督，万物都是藉着他有的，我们也是藉着他有的。

但人不都有这等知识。有人到如今因拜惯了偶像，就以为所吃的是祭偶像之物，他们的良心既然软弱，也就污秽了。其实食物不能叫神看中我们，因为我们不吃也无损，吃也无益。只是你们要谨慎，恐怕你们这自由竟成了那软弱人的绊脚石。若有人见你这有知识的在偶像的庙里坐席，这人的良心若是软弱，岂不放胆去吃那祭偶像之物吗？因此，基督为他死的那软弱弟兄，也就因你的知识沉沦了。你们这样得罪弟兄们，伤了他们软弱的良心，就是得罪基督。所以，食物若叫我弟兄跌倒，我就永远不吃肉，免得叫我弟兄跌倒了。（林前8：1－13）

这段经文让我们看见基督徒生活的两大方面：第一，是基督徒心中的想法；第二，是基督徒凭良心在神面前寻求引导。使徒保罗说，有一群基督徒，因看不出拜偶像之事与人的幻想是有关系的，就蔑视其他人对神明的看法，认为那些所谓神或主，与独一的真神相比，乃是一种幻想，人的幻想并不会受偶像所牵引。因此，基督徒可以在市场上购买已祭过偶像故价钱较便宜的肉类；也可以受邀到庙宇飨宴，并吃祭偶像之肉食。但对于那些过去曾经拜惯偶像的基督徒而言，吃祭偶像之物会令他们感到不快，因为这些偶像过去曾带给他们恐惧，并在他们心中实际存在过，如今虽已脱离了拜偶像的生活，但在他们心中仍有阴影。因此，他们千辛万苦想要摆脱与昔日拜偶像生活有关联的行为，尤其是去吃祭偶像之物。所以，保罗在这段经文所指的是，那些所谓刚强的基督徒，他们视偶像只不过是人想象的产品，但他们的态度和观点会影响到软弱的基督徒，使这些人在良心上被绊倒。

个别独特性的心路历程

在基督徒生活中，良心的作用是什么？良心又是什么？我常强调的一点，就是我们每个人在神面前都有自己独特的心路历程。所以，我们成为基督徒后，并非随大伙儿去行，纵使大家都是基督徒，也不能一味地跟着他们的脚踪走。神对我们的呼唤，是要踏上一条独特的旅程，因他是按我们个别的名字称呼我们，使我们一生一世踏上这人生最漫长的旅程，这旅程引导我们的心灵一直朝见神。既然蒙召是独特的事情，我们每个人在神面前的旅程，也都是一条别出心裁、量身打造的旅程。不过，我们在面对自己的独特性时，却显得不知所措。

当我们发现自己是独特的一个人时，我们会有以下某种反应。一种是我与你相比，我显得比你好；所以，有时候我们会说："感谢神，我不是你。"当然，与一个条件不如自己的人相比，是人之常情。圣伯尔纳（Bernard of Clairvaux，1090－1153）曾说："我们所面对的第一件事情，就是骄傲的试探。"当我们与人作比较时，便会陷入这种试探。记得吗？耶稣复活后，彼得受耶稣的查验，随后彼得问耶稣："约翰的将来如何？"彼得将自己与约翰比较，耶稣却对他说："与你何干。"（参约 21：21－22）每人都会与他人比较，但是当我们开始与他人比较时，就已经受到诱惑，踏上一条骄傲的路。所以，人在面对自己的独特性时，其中一个可能的反应是"骄傲"。事实上，这种反应并非是正视自己的独特性，而是看别人与我的关系。另外一种处理自己独特性的方法也是不对的，容易让人感到沮丧、绝望。虽然我们口里说"我是独特的一位"，心里却觉得自己很悲惨；因为我是独特的，我不是你，那么只剩下我一个，就会发现自己在内心深处是孤寂的。在堕落的人性里，人若没有神的恩典，便会陷入心理的浮动状态，就会在骄傲及焦虑中浮来浮去。"我们在神面前的人生旅程，是一条独特的旅程"，这是令我们不能接受的事；因为我们的本性是倾向抬高自己，将别人比下去，不然就是随大伙儿的意见，如此一来，就发觉自己是不能自立的。

作为基督徒，是需要了解良心的功能，借此帮助我们得着一种使我们生命能趋向神的准则，以致可以不理会其他基督徒的想法与行为。一旦在神面前有了洁净、好的良心时，我们就能说："这是我的立场（Here I Stand），没有其他途径。"当然这纯属个人观点，如果我期待众人都同意我的见解，那么我的良心反而会变成软弱的良心。以上所说的，可以帮助我们来看良心的功能，接下来就集中在这点上作说明。

"良心"的含义

究竟什么是"良心"？这个词的起源及背景十分复杂。良心所能表达的多方面的经验，是远超过这个词本身的。通常我们用"良心"来指代一个人天然的道德水准。即在人心灵城堡之内，"己"可以完全不受牵制地运用他的主权，凭良心作出决定。但事实上，良心却又深受社会、社群的制约，受周围的人、事、物的影响。这可以说是"良心"这个词所包含的反合性或矛盾性。当哲学家企图为良心的重要性作注释时，通常会感到无从下笔；现代世俗的哲理，也很少提及良心的教导；今日的人类学、心理学都不重视对良心的研究。将两种文化的良心作比较，或是将两种文化中人的行为作比较，是现今比较盛行的。良心在学术上的讨论变成只是文化价值上的对比，就像有些人喜欢吃猪肉，有些则不吃。关于人的饮食，什么可吃，什么不可吃？这个问题是属于人类学者研究的范围，但他们并不感到良心本身隐含着哪一种道德价值，也不探讨良心对人类行为的重要性，他们只觉得良心在文化研究、比较方面，可以作为一个指标。此外，现代心理学者认为人拥有良心的过程是很脆弱的，良心在许多时候只不过是洗脑的结果，是由于条件反射作用造成的，使人有不同的行为表现；更悲观的说法是，良心可以溶于酒精，亦即多饮两杯，良心内所有的禁戒就都烟消云散了。

今天，社会上普遍不重视对良心的探讨，多数人的看法是：第一，良心是有塑造及形成的阶段，是后天所得，是学习而来，因此是深受文化影响的。第二，良心并不是无误的，良心与吹毛求疵只是程度上的分别，在很多细枝末节上是很不合理的。这是现代人普遍看良心的观点，他们并不把良心看作是内在心智上的功能，对人生具有指引作用。很多基督徒也接受这种观点。

一、基督徒看良心的立场

身为一个基督徒，究竟要从哪个角度看良心才算合乎中道？我认为，基督徒应该站稳在两个立场上看良心，这与我们的信仰有深刻的关系。第一，良心使我们看见人本身的独立性、主权性。唯独在基督教信仰的启示中，我们才可以看到人作为个体的独特性，福音的荣光使我们看到每一个人都是被神所爱、所造的；相反的，其他文化、宗教并不高举人个体的独特性。基督教信仰教导我们要重视个人，因神赋予我们个别性，同时也给予我们良心，所以基督徒彼此之间要互相尊重。

第二，我们的良心是要面对神的。按希腊字义来看，就是要承认我们所知的事物是与神共知的，有神的灵在我们心里面，他使我们的心思意念都受他指引。对基督徒来说，有基督徒的良心等于说：神与我们为友，以致能够寻求得知神的心思；与神的灵共住，以致能够寻求一切属乎神的。这样看来，其他文化和宗教对良心的认识通常是一片模糊的，也就不足为奇了。

二、良心的功能

亚洲许多地区的人民，普遍都很注重整体家族的共识（如有拜祖先的风俗）；那些受佛教影响的国家（如日本），家族的共识对于个人良心具有主要的影响力，其焦点是运用羞耻之心，就是不论个人所行是否正确，重点在于是否有辱家门。所以，今天的日本文化虽然已走入世俗化，但羞耻之心仍是整个社会运作的重要动力，个人所行要符合大众的要求。而在基督教信仰里，神在与我们的个别关系中，是独特地将我们的罪彰显清楚，让我们知道神给我们良心，是要叫我们认识到自己是可以站立在神面前与他交往的个体。虽然罪会给我们带来管教，但良心也反映出我们的尊严。

在今日世界的宗教比较方面，与新约时代的希腊文化与福音的对比颇为相似。古希腊文化并不接纳良心与罪之间有任何的关系，因为在古希腊神话中，并没有树立让人可追随的道德榜样，也没有给人在生活行为上有清楚的指引。所以，"循规蹈矩"对当时的人而言，是看社会怎样做，而与神无关。荷马（Homer）的世界并非是有罪的世界，只是有羞耻感的世界。此后，在希腊的悲剧著作中，渐渐地让我们看到良心的存在，在他们的作品中可以看到人的自我分割，就是内在对于善恶的斗争。

希腊文 *suneidesis*（良心）这个词，在公元前四世纪时才出现，使徒保罗就是借用这个希腊词放在圣经中来说明良心。对希腊人而言，*suneidesis* 仍是直觉性的东西，在许多时候的意思是"你知"或"自知之明"；偶然也有人把这词用得比较有深度。在这方面最敏锐的，要属柏拉图。柏拉图对良心有敏锐的知觉，指出人需要与自己的良心一起生活，就算所做的事没有人知道，做错事也是件大事。我们需要了解良心，除个别的人在神面前的责任外，圣经让我们看见那一位神，是一位公义的神，神一切所行的无不公义。关于神的独特性，其他宗教并不存在。

三、良心乃是寻求与神有共知

本书第一章曾提到荣格，我在这里要补充并矫正他对神的观念。我们在《创世记》3章可以看到，那试探人的是怀疑神的公义，也是质疑神的权威："神岂是真说，吃禁果是完全错误的？还是他禁止亚当夏娃吃的背后有不可告人的动机？神岂是真知道什么是对我们最好的吗？"荣格说："或许神并不知道什么是对人最好的。"他认为人有阴暗面是毋庸置疑的，不过神可能也有阴暗面，他的阴暗面是从他禁止人做某些事反映出来的。荣格的论调，无疑是投射了一幅令人无所适从的神的形象；对人的影响是，你可以合情合理地对神有所保留。这是不合乎圣经的。当然，如果一个人不信任神，就不能信任他的话，更信不过他的命令。因此，荣格暗地里隐藏着这样的想法："人若想要自立，就必须要反叛神，才能长大成人。"人悖逆神，在他看来并不是罪，而是合理的事；属血气的人，自然也认为理当如此。这是人堕落后时常存的试探危机。

笃信圣经的基督徒，必须重视《创世记》3章的精意：在一切我们所参不透的事背后，潜伏在堕落之人内在心思意念里的，乃是妄想没有神的灵，并且冀望变得像神。我相信这是人类堕落的核心所在：既不愿有神的灵，却又盼望变得像神，企图借着宣告独立而获取这果实。保罗在《哥林多前书》2:11所针对的正是这种心态，他说："除了在人里头的灵，谁知道人的事？像这样，除了神的灵，也没有人知道神的事。"圣经清楚地让我们看见：良心乃是寻求与神有共知，反映出我们是与神有交通的人。我们寻求得着神的心思意念，但若没有神的灵住在我们心内，这是不可思议的。所以，我们对神的命令要有不同于世人的态度。神的律例是绝对的，这不是他对人类的苛求，而是他的命令；既然如此，人对他的命令要有绝对的敬畏和顺服。诗人在《诗篇》119:97 提醒我们要爱慕神的律法；《诗篇》19:7 也说："耶和华的律法全备，能苏醒人心。"

神给我们的命令不是要辖制我们，压抑我们；神要人的顺服，并不是欺压我们的人性，而是赋予我们有人的自由，使人能得到真正的满足。所以，更深切地顺服神的旨意，实在是一条自由之路，可以引领我们进入神给我们的意识，能够体会到他所给我们的是何等丰富。因此，在我们人生中，一旦承认神当得的位置时，才是真正得自由。如果神在他的爱中是完美的，神为自己的缘故创造了我们，那么，唯有借着顺服神，我们才能得到满足。我们前途的一切满足，都在于是否跟随神的道路；事实上，能有这一种在良心内与神共知的力量，正是养生之道、满足之路。

圣经对良心的诠释

撒但时常欺骗我们："假如你不能独立，就不能得到真正的满足；当你将自己奉献给神时，就会丧失了对你来说非常重要的物品。"一旦我们面临这种抉择，就要思想耶稣在《约翰福音》8:32 所说："你们必晓得真理，真理必叫你们得以自由。"接着，耶稣在 34 节却说："所有犯罪的，就是罪的奴仆。"在此，我们似乎看到基督徒生活中所处的两种矛盾。当我们完全信服神时，我们就完全得到独立；当我们自我、倔强时，我们便得不到真正的自由，因为我们所妄想得到的，是一种离神而独立的自由，这只会使我们受制于罪。有了这样的背景认识，我们接下来看圣经论良心的教导。

一、旧约重点在人神关系上

在旧约希伯来文化的词汇中，并没有"良心"这个词，甚至在希腊文七十士译本中也没有。当我们要研究旧约关于良心的教训时，发现所用的词汇相当广泛，经常与希伯来语 *shalom* 有关，意即和平、平安、和谐、整全。因为旧约对良心的认识，重点是看人如何站立在神面前，人如何按着神的律法来生活，如格林尼治时间可以让世人知道钟点，神也期待他的子民依从一些准则来生活。希伯来文圣经在很多时候提到人的心时，也包含了良心的意思。在《撒母耳记上》24:5 提到："随后大卫心中自责……"大卫在割下扫罗的衣襟时，心中有愧，他的良心责备他自己。

在《创世记》3:8，亚当、夏娃在树丛中藏身时，可以看到他们的良心，因为他们自知自己是赤裸的。所以，旧约提到良心，是关乎个人在神面前所有的行事为人，重点放在人与神的关系上，通常表明："人与神的疏离或交通的断绝，或人神之间的了解与误解。"

二、因着耶稣有无亏的良心

新约中，使徒保罗面对那些受斯多葛学派影响的听众，特别提及良心。斯多葛学派与中国文化可能有一些相似之处：首先，在中国文化中有所谓的"道"，也就是凡事都有定规，斯多葛学派也有同样的看法。苏格拉底忠于真理，知道邪不能胜正，时候一到，自然会有公义，所以他甘心受死。其次，他们相信"道"在人心内起支配、引导的作用，故遵循天定的秩序。再者，他们都认为应该有一位超自然的存在管理世界，所以，人应该以永恒的眼光看良心，知所先后而行，然后才能循规蹈矩。我认为斯多葛学派与中国文化的相似之处，是都着重分辨什么行为是正确的，都注重外在表现，都完全没有意识到个人与神有何关系。所以，中国文化与斯多葛学派在这一方面的思想很相近，他们都是客观地证悟道理，注重行事为人。

新约的独特之处，是当我们看见良心时，还看到人与神的关系。保罗所说无亏的良心（参徒 24:16；提前 1:5，

19），是指人与耶稣基督有活生生的关系，不再被控告，因为人与神已复和。所以，保罗用许多不同的字眼将良心说给罗马人听，他在《罗马书》2:15 提到："这是显出律法的功用刻在他们心里，他们是非之心同作见证……"这说明了律法是写在人的心版上；2:14 提到人的良心乃是时时刻刻的指标，甚至没有信基督的外邦人，同样可凭良心的功用，知道或"是"或"非"。《罗马书》9:1："我在基督里说真话，并不谎言，有我良心被圣灵感动，给我作见证。"这里提到神留下良心为我们作见证。

新约圣经同样清楚地告诉我们，若没有基督的代赎，单凭良心，并不能解决我们的问题。《希伯来书》10:19说："我们既因耶稣的血得以坦然进入至圣所。"因为耶稣的血已洗净我们的良心。

此外，新约提醒我们，良心并非时刻都是可靠的。《哥林多前书》8:10 提到门徒不可借着自由而成为弟兄的绊脚石，即说明良心并不是那么准确。

同时，良心需要指引，良心需要借着清心来操练。《提多书》1:15 说："在洁净的人，凡物都洁净；在污秽不信的人，什么都不洁净，连心地和天良也都污秽了。"所以，最重要的是整个人对神的态度，可以防止我们有污秽、愧疚的良心。在良心的操练中，我们也要学习认识神的灵如何带领我们。《罗马书》8:1 提醒我们，当我们在基督里享有确据，才能有安稳的良心。良心成为积极的见证，在道德上见证我们在神面前的地位，因为我们已经信靠了耶稣基督。所以，使徒保罗清楚地说出良心与信心有重要的关系。另外一层重要的关系，是良心与圣经，我们借着信心与神的道、与神建立关系，使我们能够良心无亏。

良心过敏的罪疚

今天，我们时常面对的问题是"良心过敏"。所谓"良心过敏"，是指当我们发觉自己不能达到世俗社会的许多标准时，就觉得自己似乎有罪。这种"有疑心的罪疚"并不是真罪疚。其实，"良心过敏"这种情况更多在家人过去经常忽略我的独特性，而自己又未曾尝过被爱、被肯定的滋味时出现。例如，我的父亲在成长时得不到长辈的嘉许，身为儿子的我，同样也得不到父亲对我的肯定，如果一直这样下去，我也不会肯定我的儿子，我的儿子就容易以为自己有很多缺点，满心罪疚。这样，我的家庭就一代一代承受着不懂得肯定他人所导致的后果。

基督徒最重要的是得到健康的内心，就是懂得如何去分辨什么是"真罪疚"，什么是"假罪疚"。神经过敏的罪疚，导致我们常常不能肯定我们做到何时才是做到最好。因为时常感到自己不是很好，就想做好一点，结果越做越差。许多内在生命的软弱，其实是因这些虚假的罪疚而来。

神经过敏的罪疚，在我们这个注重孝道的社会中更容易出现，因为社会更注重个人在家中的态度及是否听从长辈的要求。此外，我们的心在信主后变得柔软许多，这样一来，反而可能在过敏性的罪疚上越来越严重。也许你的父母是缺乏安全感的人，他们越没有安全感，便越想霸占你、摆布你；而你又如何逃避日后重蹈摆布儿女的厄运呢？因为你是在这样的背景中长大的。这里的解决之道，是我们本身能安息于基督里面，让他在我们内心深处成为我们得力、得医治的源头。

当我们真正重生，与耶稣一起重新享有新的生命时，我们整个人都变成新人。我们看事物有新的观点，基督如何待我们，我们就怎样待他人，不会陷入受人伤害又伤害别人的恶性循环中，因为我们整个人生是建立在新的根基上。我们既然已经得赎，在神面前就应有无亏的良心，因他已经接纳我们，饶恕我们。《诗篇》103:12："东离西有多远，他叫我们的过犯离我们也有多远。"靠着基督，我们就不再跟随以往所认知的做人标准。我们或许仍按着父母的要求去行，但这并非是惧怕他们，也非借此要博取他们的接纳。你之所以愿意听父母的话，是因为你已被基督接纳，于是能用基督的爱来爱父母。做事是一样的，动机却不一样。

如何分辨真假罪疚

"真罪疚"是在正常关系中才会存在。当我们做错事时，因为有清楚的规范，便会知道自己做错何事。如说谎、偷窃，我们会心知肚明，也明白自己有什么行为是对或错，所以"真罪疚"是承认有"是非标准"的。"真罪疚"在圣经信仰上是明显的，因为神已清楚向人启示他的心意（还有什么比"十诫"更清楚）；在他的启示中，我们能看见"真罪疚"是真的成立。因为神的要求是斩钉截铁、清清楚楚的，他所有的要求都清楚地显示在圣经中，而且他与我们的关系是贯彻始终、前后一致的。神与我们建立关系的动机是纯粹的，所寻求的是与我们交友、交通，而不是一位要摆布我们的神，或反复无常、性格善变的神。所以，在他的道中，我们可以清楚了解罪疚是怎么一回事。我们要研究圣经所说的罪疚，它能反映出神的性情如何，当然也能更清楚指出人的罪性。

所谓"假罪疚"，是人模糊地不确定自己做错何事，却很习惯说："我不知该做到怎样程度，你才喜欢。"例如，父亲要儿子做好学生，当儿子放学回家后，拿成绩表给父亲看，每一科都是九十五分，但父亲却说："另外五分在哪里？"我们知道，做儿子的永远无法满足父亲的一切欲求，也就永远得不到父亲的肯定，反而会认为自己永远都不够好，这情况就会造成"假罪疚"。要分辨真假罪疚，其中一个方法便是看这个例子。

我们需要以慈怜心、同情心来看还未信主的父母，因为他们尚未有清洁、无亏的良心，他们未曾在基督十架下领受赦罪的恩典，他们也不曾像我们能去到万爱之源——耶稣那里。当我们饮这活水江河时，我们的生命就经历了丰盛的浇灌，使我们能涌流出去，可以去同情、怜悯他人，能够更加体谅父母，也使我们为今日能蒙神的恩典，看清楚许多事物而感恩。神管教我们、怜悯我们，使我们不因自己的新洞见而轻视父母，反而让我们能够用基督的爱来更深地爱他们，以一种连他们自己都没有的了解去了解他们。这种新洞见同时也意味着我们可以合情合理地拒绝父母不合理的要求，而不只是听凭摆布。这样，父母就能看到我们在重新处理与他们的关系，而且这种新关系比以前的更真实、更美好。

一切全交托给神

当一个人试图摆布另一个人时，是他忽略了被摆布之人的独特性。而最能按我们的独特性对待我们的，只有神自己。所以，在我们的心灵深处，实在需要神的爱来作为我们的资源，使我们能够按着神对我们的接纳，接纳自己，并且意识到唯有神才能看清楚我一切神秘、奥妙的地方。所以，对于我而言，我仍不能识透自己，"我"仍然是我的谜。从另一个方面说，我是唯一的，是无可比拟的，在这种情况下，我的独特性反而容易引起骄傲及焦虑。然而，若我的人生之谜在神里面有答案，那么我唯有在神里面才能跟神共享这谜底。就像一首诗歌所说："一切未明之事的钥匙全操在神手中，我为此欢欣。"我要感恩，因我这个人"存在"的奥妙都掌握在神手中，所以我也乐于全然交托。保罗在《提摩太后书》1:12 说："因为知道我所信的是谁，也深信他能保全我所交付他的，直到那日。"

当我信主后，我曾将我的灵魂交托给神说："神啊！这是我的灵魂，请你永远保守。"稍后，我又将我一生的工作交托给他："神啊！我一生为你所做过的一切工作交托给你保管。但现在我要求你为我做第三件事，就是我要将我人生的奥秘和存在都交托给你。神啊！不管我的身份是什么，我全交托给你。"对我自己来说，"我"仍是我的谜，但我知道我将这谜交托了谁，我确信神必保守我这生命之谜，直到见他面。我是谁？我不知道，但神知道，因我已完全交托给他了。

将自己所有的一切交托给神，包括两个方面：一是将我们存在的重要性、生命的意义交托给他。每人都盼望自己是重要的，都希望出人头地、与众不同、独树一帜。二是将安全感交托给他。我回想起我一生的行事为人及所做的一切事情，其中很大的动力都是为了要获得安全感。所以，将"追求重要"、"追求安全"这两样心态交托，我们就不用再"追"了，因为都已在神的保守中。我相信神能将无亏的良心赐给我们，我们可以欢畅地说："安稳在耶稣手中。"一旦我们的一生、一切的重要性、一切的安全感全交托在神手中，我们就会发现这样可以帮助我们脱离神经过敏的罪疚。过去，我们为了出人头地、为安全感而搞得神经衰弱，只是为了要找出自己是谁。现在都已全然交在神手中，因此能够拥有在神面前无亏的良心，并且能够成为一个更真实的人，可以在人面前无须掩饰。

我们的良心是从我们所信的神反映出来的，若神没有位格，那么良心就是没有位格的良心，我们与神的关系也变成了一种抽象的关系。世上许多宗教都否认一位活的神、有位格的神；也有讲求和谐的宗教，认为所有的都能融为一体，故没有个别的良心，也没有个人身份。其他宗教的神明可能会对信徒发出要求，会立法或拟定信经，但在他们的观念中，并没有个别位格的观念，甚至今日普通的社会人士，也不了解他们今日的身份是与基督教信仰有关的。然而，我们主耶稣基督的父神，其独特之处，是他乃是一位有位格、真实的神。因此，我们的信仰与其他的宗教并不混同，我们承认我们所信之神的独一性，我们越是在基督里，我们的个体越被肯定。

在成长的过程中，很多时候我们未曾领受父母在情感方面所给予的有声的流露，就算吵架之后，通常也是闭口不谈；事实上，这种沉默反而是最可怕的定罪。有人因不被家人所爱而感觉被抛弃，产生缺乏安全感的人生。尽管我们试图弥补过去自己所失去的正常关系，结果却常常弄巧成拙。因此，我们需要有真正的良心，这对我们而言是何等重要！被基督宝血所洗净的良心，一切真罪在十字架上已完全被治死。因基督接纳我们的生命，所以我们能够面对不被别人接纳的感觉，以至于基督对我们的接纳，成为我们人生中最美妙的倚靠，使我们能清楚地明白良心，让它在我们的生命中有正常的功能。但是，虚假的罪疚如果未得到清除，我们的良心仍然是瘫痪、无效力的，甚至会成为我们生命中很大的挫折，而不能发挥其正常的功能，即使我们能够与神之间有美好的情谊。

第 4 章
培育爱的情操

愿颂赞归与我们主耶稣基督的父神，他曾照自己的大怜悯，藉耶稣基督从死里复活，重生了我们，叫我们有活泼的盼望，可以得着不能朽坏、不能玷污、不能衰残、为你们存留在天上的基业。你们这因信蒙神能力保守的人，必能得着所预备、到末世要显现的救恩。因此，你们是大有喜乐。但如今在百般的试炼中暂时忧愁，叫你们的信心既被试验，就比那被火试验仍然能坏的金子更显宝贵，可以在耶稣基督显现的时候，得着称赞、荣耀、尊贵。你们虽然没有见过他，却是爱他。如今虽不得看见，却因信他就有说不出来、满有荣光的大喜乐，并且得着你们信心的果效，就是灵魂的救恩。（彼前 1:3－9）

关于培育基督徒爱的情操，是我们今天所应注重的；因为我们容易对基督徒的生活抱有正确的观念，但却缺乏正确的情感。使徒彼得在《彼得前书》1:3 - 9 中勉励弟兄姊妹，虽然未曾见过耶稣，却要深深爱他，这是因为信耶稣有说不出来的喜乐。使徒所体会的正是基督徒生活的广度和深度，因基督配得我们一切的热爱。

尽心尽性爱神

我们可以看到不同的颜色，一组是黄色、一组是蓝色、一组是红色，但事实上，我们如同色盲一样，只看到世界里充满了很多的"灰"，将这种"灰"当作一种颜色而不自知。或许等到有一天，有人问我们："最喜欢的颜色是什么？"我们才会惊觉自己的生活一直是黑白的，从来没有真正见过彩色。同样的，我们容易有纯理性方面的信仰，虽有"神"的观念，但这观念只建基在我们的理性、思想之上，缺乏对神真正的热情，所流露的也不是因"爱的关系"而产生的情意。因此，信仰真正有深度的话，是需要矫正焦点，对神有热情。

1746 年，爱德华兹（Jonathan Edwards，1703 - 1758）为教会写了一本非常好的著作《宗教情感》（*A Treatise Concerning Religious Affections*），他把对神的情感与意

志相关联，以致我们对神有强烈的倾向，也就是意志是完全倾向神的。《申命记》10：12 提醒我们，究竟神向我们所要求的是什么？"只要你敬畏耶和华你的神，遵行他的道，爱他，尽心尽性侍奉他。"《申命记》30：6 也提到，神再一次对以色列百姓说："耶和华你神必将你心里和你后裔心里的污秽除掉，好叫你尽心、尽性爱耶和华你的神，使你可以存活。"爱德华兹发觉，"原来圣经一直在激动我们对神的爱情。"保罗在《罗马书》12：11 说："要心里火热，常常服侍主。"他又提醒我们，有人有敬虔的外貌，却没用敬虔的能力。"因为神赐给我们不是胆怯的心，乃是刚强、仁爱、谨守的心。"（提后 1:7）所以，我们行为决断的因素，大部分是基于我们对神的爱情。其实，我们的爱意如何，行动也如何。

爱德华兹提醒我们，若人只有正确的教义、思想，那只是停在理论的层面，这样的人未曾体会过基督徒的生命。我们与神关系的试金石，是视乎我们对神有多大的情感；因此，绝大部分基督徒的生活，应该是培养对神的爱情。

爱德华兹在该书中表示，圣经提到真实信仰时，常常会把它和数种情况相连。例如，我们对神的情感应当包括对神的敬畏，在旧约中，那些敬畏神的人被称为"敬畏耶和华的人"。另一种热情是盼望，"以雅各的神为帮助，仰望耶和华他神的，这人便为有福。"（诗 146:5）"我们得救是在乎盼望"（罗 8:24）。同样的，关于尽心、尽性、尽意、尽力，爱主我们的神，以及其他论及爱的方面，我们也耳熟能详。"你们爱耶和华的都当恨恶罪恶。"（诗 97:10）所以，越爱神，就越恨罪恶。《诗篇》45 篇告诉我们，弥赛亚的特点是热爱公义，恨恶罪恶（参诗 45:7）。圣灵也说神圣的喜乐是我们所能够拥有的喜乐，《诗篇》常用的一句话是："义人哪，你们应当靠耶和华欢乐"（诗 33:1）；"你们要靠主常常喜乐；我再说，你们要喜乐"（腓 4:4）。

我们看见神重视怜悯，要我们存谦卑的心，喜爱怜悯，与神同行（参弥 6:8）。其实，我们可以说，"爱"总括了对神所怀的情感，以致敬虔生活的先决条件是尽心、尽意、尽力，全人地爱主我们的神，圣徒的特征就是对神有热爱。我们发觉使徒在提到有怜悯心肠的人时，经常饱含深情，坦然表露他的忧愁及喜乐。相反的，在我们的文化中所暗示的，是要尽量压抑我们情感的表达，而要更重视信仰的合理性。然而，神盼望我们信仰的表达是多姿多彩的，我们所有的情感都应向他表露。

认识信、行不一致的原因

在今天的世代，我们人人似乎都有精神分裂的趋势，这泛指我们信、行的不一致。我们对神缺乏热情，甚至与自己内心的情感都有疏离。若要经历丰盛的基督徒生活，就必须知道我们的情感与信仰是有关联的。当我相信神的公义时，我要热爱公义；若我渴求圣洁，我行事为人也要圣洁；若我相信真理，我也必须热爱真理。所以，我们整个人对所信的每一样东西都要有与之呼应、深切热情的表达。但这并不表示说，一旦有这样的表达，我们的情绪就会时常不稳定；值得肯定的是，为求神的荣耀，我们必须将所有的情绪降服下来，归向神。

一、缺乏爱的滋润

对于信、行不一致的表现，我比较倾向接受所谓精神分裂症（即精神病）的分类，当然，这在心理上是一项非常痛苦的事。其实，精神病患者的特征最能突出反映当时社会文化上的问题。我们现今的一个主要问题是，我们比较懂得说抽象的理论，然而这些理论显然不是我们日常生活及情感所经历的事物，也就是说，我们有理论却没常识，有观点却没情感。这种情况之所以普遍存在，我相信是我们各方面的关系受到相当限制的缘故，尤其是人与人之间缺乏爱的滋润。例如，如果我们的家庭生活缺乏热情、亲切，那么，我们就很自然地以这种态度对待神。最悲哀的一件事，是在卡夫卡（Franz Kafka，1883－1924）的小说中表达出来的。卡夫卡是捷克著名作家，他所有的小说都以这样的角色来描绘他父亲：一位缺席的堡主。在卡夫卡最著名的小说《城堡》(*The Castle*)中，生动地刻画了这位缺席的堡主。人人都不了解、也不知道这位堡主在想什么、要怎样做，他只不过是在背后造成人们遭遇种种痛苦的推手。卡夫卡有一次写信给他父亲说："你的一切所言所行，都令我产生罪疚感，见到你会令我整个人感到不安，因为你不爱我，与我没有亲切的关系。"

让我们感到很悲哀的是，有很多人（特别是无神论者），未曾与亲生父亲有亲切的关系。英国著名作家萧伯纳（George Bernard Shaw，1856－1950），他那可怜的母亲需要去伦敦郊区帮人清理住宅，以此维生，养家糊口；而他的父亲却完全不顾家，整天作乐，白天玩曲棍球，晚上就喝酒。萧伯纳在十五、六岁时对他的父亲这样说："若神只是在天上玩曲棍球的话，我才不要他，并且会很快忘记这样的一位神。"就在十六岁那年，他故意转成一位无神论者。

二、"精神分裂者"的特点

当我们在自己的生活中经历到感情方面的贫乏时，这表示我们从来没享受过被人拥抱、亲吻的滋味，也没有经历过爱及肯定。所以，在我们的内心深处、在成长的过程中，都有这种分割的趋势。这种悲惨的人格具有以下六个特点。

1. 没有呼召

当人经历了"没有父亲"的痛苦时,是不愿认同自己的姓名的,虽然别人叫我的名字,我却感觉不到是在叫我,因为我的内心深处处于真空状态,就是缺乏亲密关系的状态。原来基督呼召我们的第一个特点,就是按我们的名字叫我们,他认识彼得,"西门·巴约拿,我知道你是谁。你是变幻不定的、焦虑的、时常不可靠的,但我要改称你的名叫矶法、磐石,我要将新的身份赐给你,能借此身份得到新的召命。"新的身份是一种新的确据,使内心得到保证。

2. 缺乏身份感

从来没有人是先深入了解某个人后才认识他的,所以,每个人像是蒙着眼睛在寻找人际关系。每个人都不知道自己是谁,在人生路途中独自漂泊,所经历的是时常缺乏稳定的人际关系,无法信靠他人,也不相信与他人的关系。不过,我们应该可以意识到,在耶稣里面,他赐给我们的是新的身份。

3. 缺乏把握或确据

假如一个人的名字不能代表他的身份,那么他的身份就会变得模糊,这种疏离感会带来第三个特点——缺乏把握。这种人常会感到被人修理或迫害，认为自己是各式各样阴谋的受害者，甚至感到有人在后面追杀他，或是想象自己满身疾病，或无缘无故地心惊肉跳。在今日有很多人具有这种倾向，如同生活在末日一般，他们恐惧地说："请世界停一停，我要下来。"所以，在他们内心深藏着一种对死亡的恐惧，对眼前的恐惧更是无法言喻。但在这境况中，我们可以再次看到福音是何等伟大，那是从神而来的保证，如借着使徒约翰对我们说："你看父赐给我们是何等的慈爱，使我们得称为神的儿女。"（参约壹 3:1）

4. 缺乏对现实的感受

在我们现今的文化里，精神分裂症的另一特征是很难分辨什么是真实，什么是虚幻。这种人有过分的幻想，很难将虚假的事与现实生活区分开来。他们生活的世界不是有层次、有思想的世界，因着他们的感情永远是变幻不可靠的，周围的事物对他们来说是一片混乱，而他们则身陷其中，努力挣扎求存。若有人想帮助及引导他们，他们又不能信任对方；所以，他们认为必须独力应付，结果却没有任何友伴。当有这么多人（甚至基督徒）以这样的眼光看神时，是何等的凄凉！所以，他们所过的生活，乃是一种隐藏着的不信的生活，他们不相信任何的关系，包括神与人之间的关系。

5. 缺乏群体意识

有一种人认为每一个人都是孤岛，这与十七世纪诗人多恩（John Donne，1572－1631）所说的话遥遥相对。多恩说："人非孤岛，无以独存。"事实上，我们并非孑然一身，没有任何关系而独存，而是需要有彼此的依赖、关联。一个以自己为孤岛的人，乃是发觉信任一个人要冒很大的危险，因为过去有太多被人拒绝的感受，所以惧怕再受排斥，再次受伤。在他们的生命中，很明显缺乏被爱的经验，所以就算有人表示"我爱你"，他们都不愿意接受、欣赏。有时，他们也分辨不出何谓爱，许多时候是怕爱、怕亲密的关系。或许这些人口口声声说自己是需要的，有的时候却又不愿意，因为他害怕自己会连累其他人，始终不肯相信有人会真的关心他。但是，耶稣要为我们解决这个问题，带领我们进到他的爱里面。当门徒腓力对主说："求主将父显给我们看，我们就知足了。"耶稣对他说："腓力，我与你们同在这样长久，你还不认识我吗？人看见了我，就是看见了父，你怎么说'将父显给我们看'呢？我在父里面，父在我里面，你不信吗？"（约 14:9－10）

在基督徒的生活中，若有一件我们最需要认识的事情，那就是要认识我们已进入一个爱的群体里，这爱是我们在世俗的其他范围内所找不到的。这是我们在向神支取他的恩典、他的爱，我们为着所享有与神的关系而欢欣，因神竟然乐于称我们为他的朋友。在信仰生活的中心，这个在基督里组成的新的群体，是我们值得庆祝、欢欣的，因为没有其他事情比"与神建立亲密的友谊"，以及"在主内肢体彼此相交"更为宝贵。

6. 缺乏被救赎的思想

精神分裂者思想的悲剧是当他在世上寻求身份时，穷极一生都不能得到，他所面对的似乎是永远都不能克服的失败，这种现象比较多发生在有严重精神分裂的患者身上。一旦人格的基本要素开始崩溃，越是分裂，越感绝望；所以，身份越模糊贫乏，生命也越痛苦。有些精神分裂者会因此放弃一切盼望，甚至会走上绝路——自杀。或许读者中也有些人已放弃了盼望，感觉基督教信仰、基督徒的生命只不过是一组组的理论，自己却未曾经历过"被救赎"。

我们在上面第三个特点内也曾看到，当缺乏被救赎的思想时，就是缺乏盼望。在生命的经历里，因着所遇到的一次又一次的失败，于是他开始问："究竟人生在世有何价值？"

门徒中也有一些绝望的时刻，曾有两个门徒走在以马忤斯的路上，他们原以为已经认识那位拯救以色列的耶稣，就是以色列的盼望，但他死了、消失了，没有盼望了，他们心里相当感伤，却不知道与他们同行的陌生人是谁（参路 24:13－35）。因此，我们能够透过此经历了解，"他曾照自己的大怜悯，藉耶稣基督从死里复活，重生了我们，叫我们有活泼的盼望"（彼前 1:3）。我们祈求无望的境况会转化过来，成为新的创造；因着创造中所享有的盼望，使我们现在的生命被彻底地改变。

生命与信仰的相连

不能与人建立任何关系，不能信任任何人，没有爱的施与受，生活就会变得缺乏盼望。但是，对于已信靠耶稣基督的人，也就是开始运用信心与基督同活的人，保罗告诉我们，"盼望不至于羞耻"（罗 5:5），他又提醒哥林多的信徒，"我们既有这样的盼望，就大胆讲说"（林后 3:12）。我们的生命也会因此跨过障碍，不再是隐藏在绝望中。"我们众人既然敞着脸得以看见主的荣光，好像从镜子里返照，就变成主的形状，荣上加荣，如同从主的灵变成的。"（林后 3:18）

究竟与神会晤可以有何保证？除非我们愿意正视神在基督耶稣里向我们彰显的爱，不然，我们的生命就是歪曲的、不真实的。我们在基督里看到的是得救的前景，是他为我们所预备的前途，这会使我们的生命越来越丰盛。基于这种原因，基督徒在他的热诚、在他的情感方面，绝不是处于真空状态。基督教的信仰不是一套理论，不是一套毫无把握的臆测，甚至不是经过一番深思熟虑后得出的结论（虽然思想很重要）。基督教信仰的核心是什么？就是我们定意要将一切连于基督耶稣里。

在我们现今的文化里，许多青年基督徒所面对的挑战是，开始时信心似乎很坚强，一旦情绪、情感、压力临到他们身上，很快就一蹶不振，甚至完全放弃。托尔斯泰（Leo Tolstoy, 1828－1910）在《忏悔录》一书中提及，有两位很久没有见面的兄弟一起共度周末，他们一起打猎。弟弟当时年约二十六岁，睡前他按照一向的习惯跪在床边祈祷，这习惯在他孩童时代就已养成；哥哥一直站在床边看着，当弟弟祈祷完毕，就问弟弟说："你还来这一套吗？"说完这句话，大家就去睡觉。隔天，弟弟起床，没有祷告了。从那天起，弟弟再也不祷告、不上教堂、不领圣餐，竟达三十年之久。托尔斯泰说，这位兄长的一句话，似乎只用一根手指头就轻轻地把那看似坚固的墙推倒；事实上，就算那墙没有人推，它也会倒塌。

我们发觉今日青年基督徒一个最大的悲哀是，他们做了错误的抉择，或嫁或娶了与自己信仰不同的人，忽然之间，仿佛过去所信仰的一切都变得毫无意义，他们开始背向神去走人生的路程。所以，我们必须认清楚基督徒生命的精髓，乃是我们一切的行为、情感，是彼此关联的，以致我们的生命与信仰是连接在一起的，若这一切只停留在名义上，显然是不够的。

在信仰方面，只有理性是不够的。当然，我们要合理地了解圣经，因为我们要尽心尽意去爱神；但不要忘记对神的信任、对神的认识，是要连接我们一切的情感，否则信仰经历永远是幼稚的、不稳定的。我发觉在自己的教学过程中，若单单传授知识，完全不期待听众有生命的改变，是对精力、时间的浪费；因为神不只是将知识传给我们，更要我们经历情感方面的更新，以致我们整个人（不只是头脑方面的知识、意见），能够在基督耶稣里得以改变。

更新似他的形象

真的宗教乃是"心"的宗教，我们用"心"这个字，是因为它指向人最深的所在。例如，你可以想象未曾出生的胎儿是多么受母亲的影响吗？有人说，母亲的心跳大概有九百万次是直接影响到胎儿的，母亲的心跳将母亲的情绪传递给胎儿。所以，当母亲或惊慌、焦虑，或排斥、厌恶，或接纳、等候时，胎儿都可以感受得到。同样的，我们多么需要去体会神对我们的心是怎样地跳跃，明白神是多么热切地盼望我们改变、更新似他的形象。所以，基督徒的信仰乃是心灵的信仰，使我们从最深层的地方被更新，以致我们的生命会很有能力地被神改变。

爱德华兹在 1746 年写成《宗教情感》，当时正是面对宗教大觉醒的时候，人们对于神的灵如何在教会、在他的百姓中做工有很多的误解、诽谤，甚至有些人只注重外在情绪的表达，他们看信仰为高举感情的活动。我提醒大家，满身大汗不一定是圣灵的工作，当然今天也有许多人以你的"脉搏跳得有多快"来看圣灵的感动有多大。爱德华兹对此有深刻的反省，这部著作对教会有很重要的影响。若我们以细心、反省的态度来阅读这本书，相信我们整个生命都会改变过来。因爱德华兹开宗明义就说："圣经有很大的篇幅说及我们对神的热情。"书中提到几句当时的名言："你要消除一切爱及恨恶，你要消除一切盼望与恐惧，也就是所有的愤怒、热情、欲求，这世界要变成一片死寂。"当时爱德华兹处于牛顿所引起的机械式世界观的社会中，那时的人都认为自己很有理性，认为所有的事物都如时钟般地在机械化运转。但爱德华兹反驳这种看法，他认为情感乃是从人内心发出，在基督徒的信仰生活中，最重要的部分就是情感的表达与运用。假若没有任何的"情"在其中，单单只有理论和教义，我们就不会正视及珍惜我们的信仰。所以，爱德华兹说："感情之于我们的心灵，如同舵之于船。"其实，他本人是受十七世纪清教徒的影响，他们看情感是人心灵的所在。

牛津大学的教授范纳说："热情乃是灵魂的翅膀"。这论述是根据《歌罗西书》3:2，保罗劝勉说："你们要思念上面的事，不要思念地上的事。"这里所说的是要将热情集中在上面的事，即基督的所在，而不是关注于地上的事。对神的情感必须是有深度、有力度的，即使我们对"上面的事"目前还无法测透，也依然能够热爱公义、真理，以此彰显出我们是按真理而行的人。

生命的感召

敬虔情怀的表现，首先是无论何时都以此为自己的责任，不论何等艰巨，都要寻求神的荣耀。其次，尽力寻找新的方法，使我时常被提醒，不忘记我活着是为寻求神的荣耀。第三，假若我有跌倒、冷淡，我要悔改，重新再开始。

值得留意的是，当有人对神有那样大的热情，他对那些效法他的人的影响是非常深远的。大卫·布雷纳德（David Brainerd，1718 – 1747）是爱德华兹的一个青年朋友，他在自己的灵程日记里立愿，就是在他离世后，请爱德华兹为他发行所写的日记。布雷纳德只活到三十岁。然而，过了一代，布雷纳德的生命感化了亨利·马丁（Henry Martyn），他是剑桥大学神学院的毕业生。亨利·马丁二十一岁时已受聘在大学教书，但他舍弃一切跟随主，背井离乡，远赴印度宣教，参加东印度公司。七年之内，他不仅将新约圣经翻译成印度文，还翻译成波斯文及阿拉伯文，然后由印度出发，到达中亚。亨利·马丁在土耳其东部去世，享年二十九岁。

同样立愿的还有麦琴（Robert M. M' Chenyne），他是苏格兰人，在爱丁堡长大，二十九岁便离世。他牧会大概有七年之久，然而，几乎所有十九世纪的教会人士都不能忘记这位青年人的影响力，他的生命是被神改变及使用的。麦琴本人受布雷纳德的灵程日记和亨利·马丁所写的书籍所影响。

我的一位朋友娄恩（Markus Loane）主教是澳洲教会的高层领袖，他深受这三位青年人生命的影响。当他在悉尼当大主教时，他向教会申请休假外出，追寻亨利·马丁从印度前往中亚的踪迹。他重新发现了曾被人破坏的亨利·马丁的墓园，他重新建立墓碑以纪念这位他所景仰的人。此后，娄恩主教又去新英格兰，手持布雷纳德的灵程日记，追随他宣教的足迹；再去苏格兰，追随麦琴的脚踪。

我们要满腔热忱去爱神，意思是说要为神大发热心，以致我们一切的情怀和所产生的能力可以影响后世的人。我这位娄恩主教朋友，虽然做了圣公会的大主教，早已看透教会中的人情世故，但他对神仍有一颗火热的心，这是来自这三位对神有热情的青年人的影响。

常存感恩的情怀

到底对神应有何种情怀？对神所产生的感情应有哪方面的重点？

一、感恩的情怀来自神的激发

在我们生命中能够对神流露出真正的情怀，乃是因神的恩典；对神恩典的响应，使我们对他越来越有情感。我们因神的圣洁而欢喜快乐，因神的奥秘而顺服谦卑，唯有从神而来的恩典激发我们，我们才会对他有爱的心。

我们所拥有的神学知识一旦缺乏此情怀，就会显得冷漠，甚至是自大。有些人很有艺术气息，对一切有美感的东西都很敏锐，见到美好的事物就懂得去赞叹。我们期望求神的灵使我们对神有美感。事实上，大部分我们对神的颂赞，是源自欣赏神的荣美，诗人说："你要在神圣洁荣美当中敬拜他。"所以，我们在神面前，要存着敬畏、赞叹的心，就因为他是荣美。若你从未注目过神的荣美，我鼓励你现在就开始学习，求神让你有敏锐的感觉，使你能意识到他的荣光，将蒙住你眼睛、使你不信的鳞片拿走，使你顺服、谦卑下来，并求他让你有属灵的领悟力、洞悉力，这也是使徒保罗为歌罗西信徒所代求的事项。"因此，我们自从听见的日子，也就为你们不住地祷告祈求，愿你们在一切属灵的智慧悟性上，满心知道神的旨意。"（西 1:9）

二、亲身经历生命的更新变化

亲身经历生命的更新变化，是对神有感恩情怀的第二个要素。我们的情怀必须建基于已经确实发生了的事情之上，因为我们的信仰乃是有历史的信仰，不仅是一个广泛的理论。我们对神所产生的情怀乃是因着实实在在曾在世界上所发生过的事情，且在我们亲身的经历里，有我们亲身体会的见证。

我在前文强调，"我们要认清自己个人弱点的所在"，认清自己在情感方面的致命伤，并求神在我们最弱之处更新改变，使我们能经历到在何处软弱，也就在何处靠神得力。这么一来，你实实在在就成为基督复活的亲眼见证人。所以，当你论到信仰的真实性时，免不了要提到生命的改变，就是以前是胆小的，现在是勇敢的；以前是虚谎掩饰的，现在是光明磊落的；以前是与人疏远的，不晓得去爱的，现在则是与神亲近的。现在所过的生活简直跟与生俱来的本性背道而驰。我们的性格由于经历神更新的增多，我们对神的情怀、热情也会有相应的增加。我们不单单见证重生的事实，若我们的生命没有更新变化的经历，"重生"对我们来说也是没有意义的。加尔文在《基督教要义》中提醒我们，当我们越认识神是谁，我们越能欣赏神为我们所成就的，是何等大的事。

三、要谦卑

谦卑是什么？首先是我们能够在神的面前正视自己的道德状况。倘若我们并没有生出悔改、懊丧、领受的心，我们就无法接受福音。其次是指我们在一切事情上不再靠自己，而是全然倚靠神。谦卑及爱是最容易被人"模仿"的属灵品德，比较容易产生所谓灵性上的骄傲。究竟怎样才能分辨出何为真正的谦卑，何为属灵上的骄傲？我相信，得救之道是不再有自我意识，即不过分关心自己的表现，因为这是与心的骄傲有关。若我们能说不再是我，乃是神的恩典，那么你就不会整天想着自己是什么身份？做得怎样？别人怎样看我？因为你已经是在基督里的人，依靠基督而活，已得着自由，得着释放。

四、必须有个人方面的更新

信徒通常会过分强调第一次悔改的经历，以为那一次的举手决志之后，我们的生命就会奇妙地完全改变。现实生活却告诉我们不是这样，我们每日都需要悔改、更新。清教徒强调每天都要有靠神的恩典悔改的经历。"每一天"是指时常有需要，"靠神的恩典"是指必须由他亲自来引导。悔改是因自己想得到改变，所以基督徒必须时常有追求更新的惴惴不安，使我们不满足于现状，不断地被改变，才可以逃脱在道德上的自满。上星期你有何改变？这星期有求神改变你吗？身为基督徒，你有求一生不断的改变吗？若能这样，如诗人所说，"如鹿切慕溪水"，我们才能在基督里健康成长。

五、需要有平衡的生活

诗人说："我的心在神面前得到满足，因我定睛仰望神。"他的生命似乎接通了一口清泉，活水的泉源永不干涸，不断结出丰饶的果实。在第一章提到，人是有不同的气质的，但成熟基督徒的生活是不受气质影响的，成熟的基督徒能在各样品德上达到平衡。

所以，我们时常靠神的恩典去改进我们的弱点，使我们能看见神如何叫我们得到满足、得到补充。基于这个原因，基督徒的情怀乃是不断渴慕神的情怀，基督徒的生活是一种永不止息的欲求。例如，有一些在灵修生活中有丰富经历的圣徒说道："像人的心被燃着的火箭烧着一样，当被火箭射中时，整个心都被燃烧。"或许有些人经历过热恋，某人激起你的热情和爱慕，你敞开自己的心接纳对方，并将所有的心思意念向对方倾吐无遗，甚至愿意终身相许，全心信任他。然而，这热恋的情况，若与应该爱神的情况比较，根本是无可比拟的。当我们与神相爱的时候，我们是以贞洁的爱来爱我们的神，因这贞洁代表着："我是爱他、单爱他，超越其他所有一切的爱，而没有任何人间的恋人可以取代神作为爱的对象。"千万不要忘记人世间所有的爱，不论多深，只是人与神之间真正的爱的象征而已。

六、感恩的情怀，以神为中心的生活

神要我们在日常生活中实践出感恩的情怀，因此，我们每日所思想的是如何向他人行善，使我们实际的行动反映出内心的真诚程度。在新约中，我们看见一个重要的教训是"实行敬虔的生活"，包括顾惜、探访孤寡，慷慨施赠，探访病人，安慰受苦的人，在我们所行的一切事上，都是在实践我们的信仰。

基督徒生活的重心所在，就是感恩的情怀。基督徒的生活，最重要的追求不是得到更多的知识，也不只是拿起一堆书去阅读，而是将基督的信仰付诸行动；所以，我们首要的任务是培养与神之间的友谊。例如，在旧约中，神的朋友亚伯拉罕做了最重要的事——与神同行。怎样同行？就是在我们的感情中，所有的东西都以神为中心，以神为取向；我们所盼望、所渴求的都在神里面；我们无论有什么焦虑、什么恐惧，向神都是无所不谈的；我们一切的盼望、一切的热心、一切的雄心大志都是为了神，以致我们整个的前途都是为了朝见神。或许有些人想成为学者，有些人想成为富翁、名人，我们却只有一个心愿，就是成为属神的人、敬虔的人。

若你有任何的恐惧或疑虑，这反映出你很需要享受在基督里的自由、释放，因神要叫你得释放。所以我们能学习使徒保罗所言："不但如此，我也将万事当作有损的，因我以认识我主基督耶稣为至宝。我为他已经丢弃万事，看作粪土，为要得着基督。"（腓 3:8）各位是否已准备走与世俗背道而驰的路？愿神帮助我们，使我们知道我们是认真的，是认真地做讨神喜欢的事。他要我们得着欢乐的心来生活，他要我们得着平稳的心、坚定不移的心、充满爱的心来生活，而这一切只有在我们的基督耶稣里才会有。

第5章
健全属灵生命的操练

本章是研究怎样用灵性的操练去塑造基督徒的品格，也就是基督徒塑造品格所需的属灵操练。基督徒对属灵真理的体验，除了需要在心灵上与神协调外，在肉身的行动上也必须有相应的配合。

早期教会门徒的特点

早期教会的发展可以说是一项更新的运动，其特点是信徒能为神全然奉献甚至牺牲。新约让我们看到初代教会的门徒，因为他们愿意跟随耶稣，愿意撇下一切，所以在许多时候他们居无定所、四海为家。《使徒行传》记载有从居比路（塞浦路斯）来的巴拿巴（徒 4:36），从叙利亚北部的大数来的保罗（徒 21:39），还有许多从地中海地区来的人，他们都是居无定所的。《十二使徒遗训》

（Didache）也提到初代教会信徒生活的特点，就是时常看见他们离开自己的家人。《马太福音》8:21－22 提到，门徒不要受父母的影响，以致不能做出跟随耶稣的决定；《路加福音》14:26 似乎讲了"不近人情"的话："人到我这里来，若不爱我胜过爱自己的父母、妻子、儿女、弟兄、姐妹和自己的性命，就不能作我的门徒。"《马太福音》19:29 也同样显示出门徒不受家庭牵连的情况。

另外，我们看见耶稣的门徒还有另一个特点，就是不受物欲所缠累。《马太福音》10:10 说，跟随主的人只需要带一件衣服；《马太福音》6:25 提到："不要为生命忧虑吃什么，喝什么，为身体忧虑穿什么。"这些都使我们看见，门徒们不为自己身体的安危作任何保障。所以，"有人打你的右脸，连左脸也转过来由他打"（太 5:39），"有人强逼你走一里路，你就同他走二里"（太 5:41），甚至被捕、被交给公会时，"不要思虑怎样说话，或说什么话。到那时候，必赐给你们当说的话"（太 10:19）。

我们对"背起自己的十字架来跟随耶稣"这句话相当熟悉，但究竟背十字架是什么意思？这个问题常常引起学者们激烈的讨论。其中有一种解释颇受大家认同："作为耶稣基督的门徒，再也不能固执己见，而是要舍己。"所谓"舍己"，是放下"悖逆神的心意"的自我。在当时的环境下，"钉十字架"是反叛罗马政府的人才会受到的极刑，凡不能按当时国家规矩生活的人，就会受到此刑。耶稣言下之意，即我们那个"反叛的己"与叛国之人的反叛是一样的，欺君叛国之人的下场就是要受到处决。所以，背起十字架最基本的意义，是要将一切附着在我们本性上的悖逆之事治死。那些坚持己见、只求自己的利益、不愿顺从神的心意的事情，就是悖逆的事情。因此，背起自己十字架的意思，简而言之就是顺服神的旨意。

基督自己已作了顺服的榜样；耶和华的仆人也说，愿你的旨意成就，而不是我的。"因一人的悖逆，众人成为罪人；照样，因一人的顺从，众人也成为义了。"（罗 5:19）"他虽然为儿子，还是因所受的苦难学了顺从。他既得以完全，就为凡顺从他的人成了永远得救的根源。"（来 5:8－9）耶稣的舍己正是顺服的行动。

操练敬虔需付代价

在新约中，"基督徒"这个词汇只用了三次（徒 11:26，26:28；彼前 4:16），比较常用的是"门徒"，有一百七十多次。希腊文"门徒"一词，隐含着接受规律或学习的意思。所以，做基督徒不只是为自己挂上新名，而是整个基督徒的生活要成为学习接受纪律的生活。纪律包括了外在及内在、身体及灵魂的操练，既是个人化，也有群体性。当我们参与基督徒生活时，所接受的纪律操练，应是远超乎世上任何专业所赋予的操练。若你雄心勃勃，希望成为医生、律师或科学家，你会知道这是需要经受很久的训练的。首先是普通科的训练，然后是专科的训练，训练完后，还要终身保持阅读本行业书刊的习惯，并借着行医、执业的技术，得到声誉。因此，我认为基督徒同样需要有这样专业的操练。

我本人就是在这股热诚驱使下，毅然放下牛津大学的教学工作，转而开始神学院的工作。因为我发现，大部分基督徒的生活实在是前后不一致，他们在一般生活、一般专业操练中拼命去做，然而却不肯为耶稣基督的缘故，更加拼命、更加接受纪律。所以，比起成为一位出色的医生、律师，更重要的是成为一个有思想、有纪律的基督徒。但是，放眼今日的基督徒，他们可以在普通科目上表现得非常出色，但在灵命上、在认识神方面，却仍是"小儿科"，非常幼稚。因此，我能体谅那些乡村目不识丁的人，他们在一切学科、一切生活范围里，所能接受的教育都很有限，他们在信徒生活方面也是一样，但是这些人是前后一致的。相反的，最矛盾、最不一致的人，就是那些在普通学科上尽力受到高深、严格的训练，但在敬虔操练上所付出的心血，却微不足道。

保罗在《哥林多前书》9:24－27所用的比喻，类似现代奥林匹克运动会比赛的情况。大家都知道，参加奥运会的选手众多，冠军却只有一位；为了获得胜利，运动员需要接受严格的操练，付出极大的努力。所以保罗说，要在场上得奖赏的运动员，就必须接受严格的操练。同时，保罗提醒我们，这些运动员所得的奖赏，只是一个会衰残的桂冠；而基督徒所要得的冠冕，却是永不衰残的冠冕。因此，保罗说："所以，我奔跑，不像无定向的；我斗拳，不像打空气的。我是攻克己身，叫身服我，恐怕我传福音给别人，自己反被弃绝了。"（林前 9:26–27）

保罗在《提摩太前书》4:7–8 中，再度套用运动场上的术语来勉励提摩太，经文中的"gymnasium"在希腊文的意思是"你要去运动场上受训练"，但这训练乃是一种敬虔的操练。操练一些健康舞蹈，固然对我们追求体态美有些好处，更重要的是我们要追求灵命的健康。保罗说："操练身体，益处还少；唯独敬虔，凡事都有益处，因有今生和来生的应许。"（提前 4:8）所以，从这两段经文我们可以看到，基督徒的生活乃是实际的生活。有时我们会顾及心灵的事多于身体方面，但保罗认为心灵及身体两方面都要力求达到平衡。希腊人很重视身体，你只要去趟博物馆、美术馆，便可看到希腊的雕刻品所展现出的民族艺术是围绕"人体"发展的，是相当看重体态美的。虽然他们可能是从埃及学会的雕刻技术，但却是希腊人使人体艺术达到巅峰。

当保罗与我们论及操练时，并没有否定对肉身的操练；但他进一步看到，也要注重心灵的操练，正如注重身体操练一样。没有一个人可以无须操练而成为运动健将，正如一个人不操练也不能成为学者。保罗提醒我们，基督徒若不下苦功，也就不能成为认真的基督徒。我们需要尝试去达到目标，这里没有选择的余地。要认清楚我们整个人生，其实就是一种学习做基督徒的艺术，保罗不断指示我们要在操练敬虔方面格外下苦功。

在早期教会生活中，也有矫枉过正的情形，门徒们单单看重心灵的需要，以致轻忽身体的实在。今日社会则比较容易忽略心灵方面的培养，以致出现许多完全不可抑制的享乐主义，那其实都是一种自怜自爱，过分抬举人的身体过于自己的心灵的倾向。

门徒训练的神学基础

初代教会有一样事情是我们今日所不能体会的，就是他们非常注重门徒训练，而这种训练与当时的修道主义紧密相关。在公元四至五世纪，当时教会相当流行修道主义，或出家或入修道院，为的是要作主的门徒。修道主义所带来的影响，差不多有一千六百多年，那时门徒训练所达到的深度和强度，要远超过今日福音派的门徒训练。

一、《马可福音》：重生后才能学习作门徒

我们要审慎认真地看待门徒训练的重要性，可以从四卷福音书来看。我们都知道《马可福音》是第一本福音

书，教会传统认为《马可福音》是马可所记载，但基本上是由使徒彼得的口述而来；这是第一代亲眼目睹耶稣基督的人，为马可的好处而留下的话。《马可福音》的重点似乎是要告诉我们：那些没有重生的人，是不可能真正明白作主的门徒是怎么回事。根据马可的描绘，那些"想"作主的门徒的人，其实一直不明白耶稣所言、所行究竟有何含义。所以，马可描述门徒的愚钝是毫不留情的，如《马可福音》6:52、8:21、9:32，明显记载了当时门徒的愚顽糊涂，你可能会有疑问，为何马可对门徒的失败、愚钝那么毫不留情地进行批评呢？事实上只有一个解释："若不透过基督的死与复活来看一切的事情，我们根本无从了解如何作耶稣的门徒；唯有在基督的死与复活的亮光下，人才能明白基督降生以来一切的言行。"

同样，今天作主的门徒，并不是根据自己一片好心或追求自己的理想，而是有亲身的体验，如同保罗所说："他是爱我，为我舍己。"（加 2:20）在基督的救赎恩典中，因他舍命代赎的死，使我们经历到耶稣的爱。另外，马可告诉我们，当时门徒不明白基督为何要受苦，不知道基督快要舍命，甚至还在为谁坐第一把交椅（可 9:34－35）而争吵。《马可福音》10:35－41 还让我们看到，雅各、约翰争夺天上荣耀的位置，却不知道基督进入他的荣耀之前是要先进入死门。所以，他们自我的利益，需要先被十字架治死，他们要背起十字架来跟从主。马可同时提出作耶稣基督的门徒必须准备亲身受苦，他给予我们三段强调受苦的经文：《马可福音》8:34－38，9:35－37，10:42－45。因此，撇下自己的家人，或是放弃一些眼见的合情合理的心愿及目标，就是包括在"舍己"、"否认自己"里了。

马可强调，非到基督复活之后，我们无法真正跟随他。彼得在凯撒利亚腓立比的境内，忽然有了这个洞见："你是基督，是永生神的儿子。"彼得开始看见耶稣基督作为弥赛亚的独特性。在这清楚的宣告之后，耶稣转而向耶路撒冷前进，他走在门徒们的前头。然而，在耶稣向耶路撒冷前进的途中，门徒与耶稣的距离似乎越来越远。在客西马尼园，耶稣正受苦楚当中，门徒与他的距离拉得更远，甚至那三个"入室弟子"（指彼得、约翰、雅各）也不能跟随他。当耶稣在挣扎受苦时，他们三人正在睡觉；当耶稣受审判、被凌辱时，门徒四散奔逃。马可似乎在告诉我们，虽然我们是跟随耶稣的人，却不能模仿他救赎的恩典，耶稣基督是独特的，唯有他是世人的救主。"跟随基督"与"他救赎的爱"是不能等同的，也就是我们不能说自己也有代赎的能力，因为我们无法模仿基督的牺牲及他所受的一切苦楚，因为基督的爱、职事是他所独有的。所以，我们明白了《马可福音》10:32 的重要性是："耶稣在前头走。"马可给我们看见作门徒并非易事，唯有在基督已经成全他的工作后，我们才能学习。

二、《路加福音》：怜悯的仆人

当我们读到《路加福音》时，又可以认识另一种作门徒的神学基础。《路加福音》的重点是"怜悯的仆人"，因此，路加的记载充满了耶稣治病的事迹，并谈到他是如何关怀被社会遗弃或是贫穷的人。在男尊女卑的社会里，《路加福音》却表示出耶稣对妇女的关怀。路加认为，作主的门徒，即是摆上一切来服侍别人，因为"手扶着犁向后看的，不配进神的国"（路 9:62）。所以《路加福音》强调：作门徒是要学习怜悯，要有慈怜的心怀，对待沮丧的人要有温柔的态度，唯有如此，我们才有真正的服侍。若我们明白路加所说"作门徒"的含意，我们才能像《路加福音》的续集——《使徒行传》里使徒的生活一样，生命被圣灵充满，充满着耶稣基督慈怜的心去服侍人。

三、《马太福音》：属灵上的成熟、完全

《马太福音》也许是第三本写成的福音书，可能成书于公元 75－88 年。当时教会已有好几代基督徒了，可能已形成一定的传统和制度。对第二、第三代的基督徒来说，他们最需要的呼唤是要"全心"，因此，在《马太福音》中见到门徒所欠缺的就是"全心"。《马太福音》记载了耶稣有五次责备门徒为"小信的人"（太 6:30，8:26，14:31，16:8，17:20），"小信的人"这个称谓似乎只限于

用在门徒身上。罗马百夫长或腓尼基的妇人被耶稣称赞为大有信心，但那些紧紧跟随耶稣的门徒却被他责备为"小信的人"，因他们不信五饼二鱼的神迹，不信耶稣能平静风浪，没有信心去帮助一个被鬼附的儿子……所以门徒对"耶稣是谁"的眼光是模糊的。

《马太福音》的重点是我们必须有一超乎现有的义，"你们的义若不胜于文士和法利赛人的义，断不能进天国。"（太 5:20）并且要在属灵方面更有热心、更成熟，"你们要完全，像你们的天父完全一样。"（太 5:48）马太给我们所见到的景象是：耶稣基督是完完全全、非常顺服实行天父的旨意。

那么，门徒要如何才有更深的信心呢？马太特别举出"神为父"的事实，我相信当门徒越做神的儿女，并体会何为做神的儿女时，他就越能跟随神，信心也随之增大。其实信心不是剥削或支配，伟大的信心着重于不是所得的是什么，而是着重于关系的加深——越体会神的心意，越能认识他是阿爸、我们的父亲。

四、《约翰福音》：与主同作忠实见证者

《约翰福音》是四福音书的最后一卷，它为我们展现的作主的门徒的重点是：我们必须作主忠心的见证人。整卷《约翰福音》似乎都用法庭式的对话为背景，1－12

章不断强调作真见证人的重要性。《约翰福音》1:6－7，19－34 节提到施洗约翰是忠心的见证人；第 4 章，透过撒玛利亚妇人说："有一个人将我素来所行的一切事都给我说出来了，莫非这就是基督吗？"（约 4:29）她也成了一位忠实的见证人；第 9 章，那生来就瞎眼的青年人，也见证基督为他所成就的事。但是，《约翰福音》写成的最大目的，是让我们看见耶稣基督本身就是忠实见证者的典范。所以，约翰根据这个原则，收录了耶稣基督所行的七件神迹，并且在每一件神迹后，都加注编者的话，将耶稣基督描绘为一位忠实的见证者。在《约翰福音》里，作耶稣基督的门徒是与基督所作的见证相关联的。

道成肉身的意义

《约翰福音》一开始就强调："道成了肉身，住在我们中间，充充满满的有恩典，有真理。"（约 1:14）在现今的世代里，我们要作基督的门徒，必须知道属灵的操练不论是怎样的形式，只不过是在基督里属灵体现的一种表现。我们已看见约翰记载，当耶稣来时，他是"道成了肉身，住在我们当中，充充满满的有恩典，有真理"，这正与摩西在山上与神面对面之事遥遥呼应。《出埃及记》32－33章描述摩西曾经求见神的面，33:18－19 却记载摩西只是见到神的怜悯，其实摩西是看到神的真理。很重要的是，使徒约翰从希伯来文将这字眼套用过来，用以描写人与神的经历，直接用在耶稣基督身上，"道成了肉身，住在我们中间，充充满满有恩典有真理。"

一、将心灵与身体献上

耶稣基督"道成肉身"这件事对我们有何含义？就是我们不能随意轻视心灵或身体。保罗勉励罗马信徒："将身体献上，当作活祭。"（罗 12:1）为此缘故，早期教会重视道成肉身。今日，有些人看基督教信仰只是一些思想，他们是在重蹈马西昂主义（Marcionism）的覆辙，马西昂（Marcion，110－165）曾声言他是"反对道成肉身"，不相信耶稣生而为人，不相信耶稣有肉体。所以德尔图良（Tertullian，150－220）驳斥说："一位只有神性的基督，只能救那些毫无躯体的心灵。如果真的有一位救主，那么，这位救主必须亲身来到世上，以致他能救我们的身体和灵魂。"他答辩马西昂："马西昂呀，你厌恶此人，就在他生下来时，你已厌恶他；既然你不能接纳生来有肉身的人，你又怎能爱任何的人。"因为基督爱人的时候，他连人的肉身也爱，从他降生为人这件事实上我们即可以知道。保罗在《哥林多前书》15 章也强调身体的复活，我们也发现身体与得救是相关的；所以，作主的门徒，必须正视自己的身体。德尔图良说："人的真我其实就在肉身之中，肉身中所行的一切事与我们整个人生都是息息相关的。"另一位教父爱任纽（Irenaeus，130－202）驳斥诺斯替主义（Gnosticism）的思想，诺斯替派认为道成肉身并非真有其事，只是虚表的。爱任纽却以此角度指出，耶稣基督道成肉身，好像是亚当事件的重演，但亚当的肉身使他犯罪，基督肉身的生活却是带领人上升以致得赎；所以，两者是互相呼应，基督将亚当所造成的恶果改变过来。总而言之，复活之功所带来的成果乃是肉身得赎；救恩乃是实际、具体的，使个人能成为完整的人。

对我们来说，基督徒品格的塑造，不单是在神面前正视自己的情绪，并且还要知道神是希望我们整个人得到身心灵的医治，使我们可以无瑕无疵、无可指责地迎见他。所以，在我们整个人的存在中，没有任何一部分需要保留，不让神看见。我们相信，我们整个人的所有都要在十字架的事实下度过，不是单单信灵魂有一日会得救，而是使得救的观念与我们全人的更新有关联。所以，在爱任纽的眼光中，耶稣治病的事情，让我们看见他是肯定全人的价值，也看到我们在基督里"生命的整全性"。

二、殉道者的见证

第三世纪的教会之所以有那么多信徒愿意为主殉道，其中一个动力是：当一个人愿意舍弃自己的身体时，这个捐躯行动与他内心对神的委身、跟随基督的行动是相配合的。他们为何那么热切、乐意地在斗兽场上被猛兽吞噬自己的身体？因为他们相信他们整个生命是属乎神的，神的拯救是全人的拯救。若一个人的生命全属乎神、都是神的，他就不害怕损失。第三世纪有一则动人的故事，是有关一女奴的事迹，当时她已怀孕，因信神而被拘捕；然而，罗马法律不容许将怀孕的妇人判死刑，故她可幸免一死。我们可以设身处地想一下，当时她会怎样祷告，或许是："主啊，求你让这孩子出生，然后我才上刑场。"但这位女奴却出乎意料地想殉道，放弃因怀孕而可免一死的保障。一位狱卒对她说："你现在已经是在受苦了，但当你被抛在猛兽中时，你的情况会更惨的。"她答说："我现在所受的苦是自己的苦，但到那日，另有一位与我同在，他会代我受苦，因我是在基督里面而活的人。"

早期的殉道者好像已进入荣耀当中，所以并不感到有苦在自己身上，他们认为另有一位背负了他们的痛苦。当示每拿的波利卡普主教（St. Polycarp，69－156）面对地方总督提出以"咒诅基督"作为释放的条件时，他回答说："我侍奉他已经八十六年了，他对我的作为毫无错误，我怎能亵渎拯救我的主呢？"他看自己所受的苦是与基督的苦有份。伊格那修（Ignatius，35－107）曾呼吁他的朋友："请不要阻止我的'活'，因当我舍命的时候，正是我活的时候。"他对基督徒说："请不要期待我的'死'，我现在已开始作耶稣基督的门徒，请不要阻止我亲近耶稣基督。"他将生与死的意义重新诠释，对他来说，活在世上仿佛是死，真正死去却是真正活过来，因为他可以离开那个对他来说已经没有价值的世界。正如使徒保罗所说，我们不再在肉身中活着，若是顺着肉体活着，必要死（参罗 8:13）。这些殉道者，他们整个生命已被基督所充满，他们经历了在《罗马书》8 章所说的"超越的心灵"，就是因那位爱他们的主，他们在一切的事上已经得胜有余了（罗 8:37）。

三、作门徒要过克己的生活

或许基督并没有呼召我们去殉道，但我相信在未来，我们当中会有人为着基督的缘故受许多的苦，因此，我体会到在我身上的责任非常重大，就是要在基督里勉励各位：我们必须正视、认真地过基督徒生活。就像亚历山大的克莱门（Clement of Alexandria，150 - 约 215）对作门徒的看法，他认为克己的生活就是有纪律的生活，而这种克己生活与殉道有同等价值。在他眼中，只有两种门徒：第一种是罕有的门徒，就是所谓的"红色门徒"，需要流血甚至是要殉道的；另一种是"白色门徒"，是要过克己的生活，这是人人都需要的。我们虽然未曾流血，但在日常生活的克己，已经将我们的身心灵全然归服在神的手下；并且也要将这身体中的克己生活，与心灵中"羡慕、欣赏"的行动相提并论。

今天，"羡慕、欣赏"对我们来说并不算是什么美德，但它的确会为我们带来平衡，使我们避免生活中的张力。神是创造者，白白地赐万物给我们享用，保罗说："你们是属基督的；基督又是属神的。"（林前 3:23）所以，当我们谈到"羡慕、欣赏"时，乃是我们能欣赏从神而来的一切好处；唯有当我们不去拥有时，我们才能真正"羡慕、欣赏"。或许我很羡慕邻舍的花园，但只有当我不存着贪心去看时，我才能欣赏。因此，在你欣赏时，必须有那种放开而不是占有的欲念，不会被任何受造之物困住我们的情感，使圣灵在引领我们面对整个人生时，能有一颗敞开的心，看自己是世上的客旅、寄居的。我们在地上没有一处永不迁移的城市，我们乃是盼望着永不震动的国度。正如爱任纽所表达的，对受训作门徒的严格要求，正是可以帮助我们从欣赏而不占有的角度看人生。

克己生活的另一目的是帮助人过属灵操练的生活。属灵操练的生活就是更自由、更丰盛的生活，不受物质奴役，也不会受围困。作门徒的中心，是使人得自由，以致人能在神面前享受万有。

属灵操练的两大分类

作门徒的生活就是每日的殉道，这是与使徒保罗的教训符合的："身上常带着耶稣的死，使耶稣的生也显明在我们身上。"（林后 4:10）我们应该了解自己要培养何种的属灵操练，以下是属灵操练的两大分类，我所列的不算详尽，只是提供一些建议。

一、内在灵命操练

基督徒内在灵命的操练，包括默想、祷告、禁食、柔和、写灵程日记等。

1. 默想

"默想"应是基督徒内在生活的主要活动之一。我们的心思全集中在基督身上，被基督的道所充满，使我们可以有热切的心，能够全属乎主。今天，许多基督徒的心里所充满的似乎只是新闻、音乐，每人都做了"随身听基督徒"，从早到晚耳朵里都塞满了早操、跑步、洗澡或搭地铁等声音。然而，我相信作为基督徒，必须热切地持守着我们的内心世界，让其中充满属乎神的真理，使我们成为昼夜思想神话语的人。在耶稣面对试探时，他说出其中一句话："人活着，不是单靠食物，乃是靠神口里所出的一切话。"（太 4:4）因此，我们必须培养的一种属灵操练，就是默想。默想，就是我们的内心充满了圣经的话语。

我建议大家每天默想一段圣经经文。以《诗篇》119篇为例：全诗共有二十二小段，每小段有八节，可以用二十二个星期来默想全篇经文。每小段有八节经文，每日至少可背诵一节，这样每星期就有八种不同的内容可以帮助你去体会神话语的实在，你就越来越能为神话语的丰富及多姿多彩而感到惊奇。神的律例、典章、诫命、教训是那么的丰富，你会开始欣赏到神的话语与你生命的关系。二十二个星期过去，又可以再开始另一个二十二星期，循环三次后，我肯定你会成为一个属灵生命健全的人，因有神的道在你的生命中与你同在。

十七世纪的清教徒是伟大的默想者。有一本值得向大家推荐、阅读的书，就是巴克斯特（Richard Baxter，1616－1691）的《圣徒永恒的安息》（The Saints' Everlasting Rest），书中他教导我们如何默想。另一位是荷尔主教（Bishop Hall of Norwich），他也是论述默想的好作者。默想是有目的的，就是盼望借着神的话语，进入与神更亲切的关系。你的目的是盼望在你一切所行的事上、一切的反应上，都有基督的灵来带领。你要愿意忠于神的圣言且乐于顺从，并期望神透过他的话对你说话，使你成为一个晓得默想的人。虽然这是一条漫长的路，但一定会为你带来更新、改变。

2. 祷告

另一种灵命操练，是基督徒的内心要充满祷告，并且是恒切不断的祷告。当然，这不是说要你整天口中念念有词，而是说在你内心意识里面要永远离神不远，你时刻能面见神，时刻思想他的荣美，时刻与他相交。这样一来，在你生命里面，会时常在神面前有独白，时常与神说话，与神同行。人之所以孤单，其实是因为在孤单时，他不晓得请神陪他，而基督徒是世界上最不应该孤单的人。若我们今天仍然常感到孤单，那么我们还不是一个会默想或会祷告的人。

3. 禁食

禁食也是基督徒内在生命的属灵操练之一。虽然禁食并非基督教所独有，其他宗教也有禁食的操练，但是禁食的动机却使基督教与众不同。圣经多次告诉我们，祷告与禁食是分不开的，圣经所论到的禁食通常带有属灵的目的。《但以理书》10:3、《以斯拉记》4:16、《使徒行传》9:9，都可以看见禁食与属灵的目的是分不开的。我们还需要知道，禁食是我们个人与神之间的事情，只有法利赛人才会将他们的禁食到处张扬，在《路加福音》18:12、《马太福音》6:16 中可以看出他们禁食的动机。大家可能会问，禁食的目的是什么？目的有很多。其中一个是，也许在我们心里会有一些隐藏的事物，仍控制着我们的生命，如骄傲、愤怒、惧怕、苦毒、嫉妒等，这些隐藏的事物会在禁食一段时期后浮现。因为在日常忙碌的生活中，这一切罪恶很容易被掩藏住；一旦我们对神认真时，一旦我们愿意为神的缘故叫身服我时，这一切的罪恶便会浮现。事实上，许多在禁食操练上得益的人，他们内心属灵的视觉越来越清晰，在他们代祷的生活中更有能力，寻求引导时更清楚，解决问题时更有力量去集中精神，甚至能脱离某一种罪的捆锁。因此，当我们禁食时，便会有这些益处。

我们应当如何禁食？这并不需要咨询人的意见。如果你感受到是神带领你为某些目的而禁食，你就可以有一天的禁食。请小心！如果没有医生的忠告，勿禁食超过两天，因为我们要智慧地运用自己的身体。有些人发现二至七日的禁食，可以使他们一生受用。现在有些退修中心或营地也适用于作为禁食的场所，三天的退修会，你可以仅带一条面包作为每日的主食并配开水，这样的禁食都是神所接纳的。不过我要再次强调，禁食乃个人与神之间的事情，当我们张扬或自高时，反而会失去禁食的意义。

4. 柔和

此外，我们要操练自己有"柔和"的气质。这气质在我们灵命中所拥有的丰盛，往往不是我们容易意识得到的。因为我们是活在粗鲁、竞争性高的社会，自然就不太注重柔和。我们凡事都干劲十足，甚至在灵修操练时都要比别人强。所以，柔和的气质是培养灵命最好的本钱。柔和能控制自己的野心、争竞的心，以及很想有成就、有表现的心。关于柔和，有一段很好的经文，就是《诗篇》131:1－3："耶和华啊，我的心不狂傲，我的眼不高大，重大和测不透的事，我也不敢行。我的心平稳安静，好像断过奶的孩子在他母亲的怀中；我的心在我里面真像断过奶的孩子。以色列啊，你当仰望耶和华，从今时直到永远。"这就是所谓柔和的心。当然，这柔和的心不属于满有自信的希腊人或现代人，唯有当我们的心灵全然靠近神的时候，才有可能变为柔和。当我们认为自己是神眼中看为贫乏的人，才有可能变为柔和。我们思想神在旧约中是怎样时常看顾贫苦的人，就能体会耶稣在登山宝训八福中第一福的重要性，"虚心的人有福了，因为天国是他们的。"（太5:3）当我们对神有这种明显的需要时，当我们对神有无止境的渴求时，我们便以顺命、顺从神的旨意为首要。我的朋友曾有这样的祷告：

　　主啊，你要我从你那里学习心里柔和，无论我如何令你失望，你的柔和永不令我失望。你不轻易发怒，你的慈爱没有穷尽。你教导我不要沮丧，你愿意将你的柔和赐给我，使我的心灵能得着安息。求你赐福给我，让我有智慧在每天当中有时间培养心灵的柔和。求你救我脱离高傲自大，离开太过高超的目标。但愿你仍叫我心灵得着安稳，正如孩子在母亲的怀中得安稳一样。求你救我脱离谋求表现的欲望，使我的生命没有太多的冲动，而是更加柔和。让我的心全然集中于你，让你同在的荣光使我每天更有光辉，愿你使我成为在世界上成就你旨意的一条开通的渠道。

在你所遇见的人中，你可能也会发觉他们有耶稣基督的柔和。

5. 写灵程日记

写灵程日记也对我们的属灵操练很有帮助。这不仅指记录我们每日的活动，而是记录我们每日在神面前的心路历程，记录我们是如何敬拜神，如何与他为友。当然，我们需要注意，过于内省的人会时常在自省中惴惴不安，这样的人，不写这些日记也许会好一点。反过来说，若有人日复一日缺乏反省，生命就会非常肤浅、表面化，因为缺乏透视自己心灵深处的机会，这种人就应该写灵程日记。在神面前把自己的思想记录下来，可以帮助我们更加厘清思想，可以将麦子与稗子分开，也能帮助我们将那些一闪即过的印象捕捉、固定下来。当我们这些五花八门、令人眼花缭乱的心思意念能够被定形、被赋予意义时，我们就能够过一个更加有纪律的内在生活。在灵程日记中也可以记下梦境，甚至求神引导你"发梦"，使你可以经历到，原来神一直在你的意识领域，甚至在你的潜意识领域中，成为你的引导。另外，还可以记录你在默想当中所看见的图像，与人相遇时的印象，或与人分享的思想、分享后的答案，也可以将你所读过的文章、书籍的精华记录下来。写日记并非是为了给别人看，由于在写的时候没有观众或听众，反而能帮助我们更加集中焦点来记录，省察我们与神之间友谊的发展。

十七世纪在贵格会聚会的乌尔曼（John Woolman）先生，非常善于写日记，他的日记内充满着他对社会关怀的热诚。他也记下每日所遇见的压力，让自己直面自己过分吹毛求疵的生活及偏见，并且正视自己的良心。无论如何，灵程日记能帮助我们看见自己对神的认识的肤浅程度，看见自己对神的心思是何等的稀少，看见自己对神同在的经历寥寥无几，看见自己的祷告生活乏善可陈。当我们看见这一切并开始悔改时，灵程日记就发挥了作用，帮助我们看见我们是何等需要重新认真地跟随基督。

二、外在灵命操练

基督徒外在灵命的操练，包含忠诚与顺服、简朴与单纯、聆听与怜悯等。

1. 忠诚与顺服

旧约让我们看见，在所有操练中，最重要的是"忠诚"。在整个以色列民族的架构中，最重要的因素是忠诚，忠诚是神与子民之间所立的约。其实，耶稣基督所彰显的就是神守约的忠诚，《约翰福音》1:17："律法本是借着摩西传的，恩典和真理都是由耶稣基督来的。"在16节也说："从他丰满的恩典里，我们都领受了，而且恩上加恩。"这"恩"是神守约的恩典。所以，恩典与守约、忠诚是互相关联的。在动荡易变的现代世界中，人与人的社交接触是短暂而快速的，人际关系越来越流于肤浅。今日神的子民有守约的特征之一，是我们要有忠诚的心。

以色列人另一重要的特征是"顺服"，因为顺服是建立在神的话语之上。基督徒顺服的试金石就是耶稣基督，作门徒的生活乃是顺命的生活，一生一世全降服于基督之下，愿意聆听并乐于顺服他的旨意，这是我们生命的中心。

2. 简朴与单纯

过"简朴与单纯"的生活也属于基督徒外在灵命的操练。圣经所说的单纯是建基于真实，即主权的真实。大地和其中所充满的一切都属于神，而我们的生命在基督里一直环绕着神而存在；内心的单纯是因着神的爱而来，在我们一切的真实里，没有一样真实比神的同在更加真实。《传道书》7: 29 说："神造人原是正直，但他们寻出许多巧计。"是人把自己弄得很复杂，当人去拜偶像，他们的人生就变得繁复；唯有敬畏神，才能让我们返璞归真。昔日耶稣对少年官的要求，今日仍向我们发出同样的挑战：要过一个简朴与单纯的生活。若我们能看清楚所需要的事，并且能发觉越不受捆锁，我们就越能离开自我的利益，心灵就越单纯，如十九世纪的克尔凯郭尔（Kierkegaard, 1813－1855）所说："清心只是尽心求一事。"

3. 聆听与怜悯

基督徒外在灵命的操练，还包括愿意聆听、愿意怜悯。像瑞士精神病理学家及作家杜尼尔（Paul Tournier）所说："我们很少人懂得听人说话。"所谓聆听，是我们承认对方的独特性，乐意接受在他们独有的处境中所传递出来的信息。作为一个聆听者，并非只听懂一些词语，而是能听出对方的心声，并且在这人面前有着温柔、恩慈的生活。当我们是一个有恩慈的人，就能聆听。真正的恩慈，是承认对方的存在，聆听可以说是恩慈的果实。愿神怜悯我们，使我们既能听，并且听后能有怜悯；使我们知道在我们人生历程中，最重要的事情莫过于重视他人的独特性，并且求神："既然你已赐我们一双耳朵能听，那就使我们能听到别人的心声。"

享受与主同在的独处

二十世纪的作家朋霍费尔（Dietrich Bonhoeffer, 1906 – 1945）在《团契生活》（*Life Together*）一书中提到，人根本不可能共同生活，除非我们能够晓得如何独处；倘若我们不能共同生活，也就不能独处；我们的独处为要与神为友，我们的宁静为要聆听神的声音。当我们在时空中，先要在神面前独处、宁静，有了此经历之后，才有与他人共享的事物。

在今日福音派教会中，人人都忙得不可开交，以致缺乏属灵独处的时间，导致彼此之间的关系变得越来越肤浅。当我们能够在神面前安静，享受他的同在是何等的有福，以致因着我们曾经经历到的神的同在，使我们与人接触、交往时，都能散发出基督的香气。

十七世纪在这方面有美好见证的，是法国的芬乃伦大主教（Francois Fenelon, 1651 – 1715）。他看属灵操练为一束一束的花朵，而每一束花朵都有它独特的香气、独特的编排。芬乃伦大主教就是如此丰富他的属灵生命，他每天都在主同在的花园内采摘；无论你何时遇见他，他都有新鲜的花朵呈献给你，因他每日都在主面前默想。在温哥华，我也有这样的一位朋友，每当我见到他时，问他今天有什么花可以送给我，他永远都有花送。这是多么重要！我们需要有独处，需要在神面前有宁静，以致我们能有分享。让神帮助我们看清楚这操练所需要的力量、苦功是何等的大。

真正属灵操练的证据，就是能够为他人舍弃自己，并且借着我们的生命，使别人能多结果子。

第6章
追求圣洁的生活

所以要约束你们的心，谨慎自守，专心盼望耶稣基督显现的时候所带来给你们的恩。你们既作顺命的儿女，就不要效法从前蒙昧无知的时候那放纵私欲的样子。那召你们的既是圣洁，你们在一切所行的事上也要圣洁。因为经上记着说："你们要圣洁，因为我是圣洁的。"（彼前1:13－16）

这段经文提到基督徒品格的塑造，是要帮助我们更加重视基督徒的生活。彼得提醒作基督徒必须非常认真、务求圣洁，因此在圣经里可以看到彼得关乎圣洁的解释。盼望我们从教会历史上，从一些优秀的基督徒人物身上，看见他们在圣洁方面的典范；从这些注重圣洁的基督徒身上，看见追求圣洁路程上的陷阱。

其实，追求圣洁并非基督教或基督徒所独有，其他的宗教在他们信仰核心中也有对圣洁的追求。例如，佛教也有属于他们的圣人，若单从教义方面分析，佛教的思想其实也是圣洁生活的思想。但佛教或其他宗教看圣洁的根基，与圣经的圣洁观是南辕北辙的。佛教所注重的圣洁，乃是因着属天的事物而完全地被吸引，或是对某一种特点非常着迷（如领导、医治能力），或是默想时带来的特殊经历，或是智慧、谦卑等方面突出的品质（如勇敢、坚毅）等。所以，持佛教信仰的人可以被那些受人尊崇的人物吸引，并激发他人相继效法。

测试圣洁的标准

在非基督教的圣洁观中，不一定注重伦理；但基督教的圣洁观却脱离不了对伦理的注重，基督信仰要求圣洁的人必须在品格方面有合乎伦理的表现。在教会历史中，常以四种方法来衡量信徒是否圣洁。

第一，信徒是否愿意殉道。信徒若甘愿在压迫者的残酷手段下为基督捐躯，就是圣洁；这是三世纪时教会用以测验信徒圣洁程度的方法。

第二，信徒是否有基督的美德。在罗马教廷中，因对信徒有殉道的要求，故强调信徒要有英雄气概，认为圣徒是像基督一样的人，因此一个人是否圣洁，就看他身上是否有像基督的美德。

第三，信徒的著作是否合乎正统。现在看来，这种衡量圣洁的方法并非一成不变的。我们在教会历史发展中可以看到，当某一作者的论点被当时的教宗否决，却有可能被之后的教宗接纳。

第四，信徒是否有行神迹的能力。在很长的一段时间里，教会人士普遍认为若某人能行神迹，便显示了他的圣洁程度。在当代，我们看见天主教教宗约翰·保罗二世（John Paul II，1920－2005）也曾把一些从未行过神迹的人封为圣人。我认为，以"行神迹"来衡量一个人的圣洁程度的风气，是起源于早期教会殉道者的坟墓附近常有神迹出现，故千年以来，基督徒若发现某一处坟墓附近有神迹出现，就将该坟墓当作特别地点来崇拜。

但是，现在最重要的不是看教会历史中是凭什么条件来册封圣人，而是要看圣经在圣洁方面有何教导。因为在教会历史中，人们常对圣洁观念有错误的解释，以致十几个世纪以来，教宗册封的圣人几乎都是男性，很少是女性。各位姊妹特别留意，十至十九世纪，罗马教廷册封的圣人，百分之八十七为男性，百分之十三为女性；二十世纪以来有些微改善，女性占有百分之二十五。我在第一章提到，历来大部分的圣人是意大利人，很少有其他国家的人。此外，多数被册封的圣人，他们都是被按立圣职的人，一般信徒寥寥无几。若你只是一般信徒，却想要被册封为圣人，"殉道"可能是最好的途径！

若我们向罗马教廷发出具有权威性的挑战：是否能封耶稣基督为圣人？耶稣与我们所想象的圣人模式、品格是否格格不入，甚至太过稀奇古怪？耶稣所特有的圣洁是什么？我们看《马可福音》所描绘的耶稣基督的图像，就发觉耶稣并不是很受欢迎的人，当时不少人无法接受他，最后更是将他治死。保罗在《腓立比书》2章提到，耶稣是自甘卑微，存心顺服，以至于死。耶稣基督的生活为人，是远远超过犹太教的行事规矩，甚至不被他们接受。事实上，除了律法之外，他给自己一种凌驾律法之上的地位，他宣称自己乃是人最终的标准。他的生活方式令当时的人感到非常不安，若按照教会册封圣人的标准，他一定不合格。

其实，耶稣是圣洁的，他并没有与人划清界限，他既与罪人交往，也与法利赛人交往，并不顾惜自己的声誉。耶稣并没有宗教狂热党派对声誉的热诚，他所过的圣洁生活并非只注重礼仪，他也接触礼仪上属于不洁的事物。圣洁的标准不是我们定下规矩就可以遵守的，也不是要符合某些既定的原则。观看耶稣基督的生命、心灵，他并没有留下固定的模式可让世人跟从，反倒是他在神的灵里常常享有很大的自由，带给我们效法追求的榜样。耶稣基督人生的重点，乃是时时刻刻地体会神的同在及遵行神的旨意。

圣洁的本质

所以，圣洁并不是头顶有光圈就可以，也非经常拒人于千里之外就可以保持。耶稣基督并非不食人间烟火，他满有人情味，时常能够亲近人，时常遥望天上的荣耀；他似乎更注重怎样在现实生活中，使我们活得更加"像人"。所以，司布真（Charles Haddon Spurgeon，1834－1892）说："若我们为着寻求进入来生而追求圣洁，却在追求来世圣洁生活时，丧失在今世活着的资格；若我们准备将来与天使为伍，却为这样的追求与人格格不入。就好比一个人常常讲论天堂，却不知在地上是如何，那是件非常古怪的事。"司布真的意思是，我们要追求圣洁，就要脚踏实地地生活，而非单单想来生的事物。

圣经所说的"圣洁"或"成圣"，一方面说及神在我们生命中的工作，另一方面也说到神在我们当中所做成的工作，使我们变得更似他的形象，以致我们愿意分别为圣，专一为神而活。使徒保罗在《帖撒罗尼迦前书》5:23 说："愿赐平安的神亲自使你们全然成圣。"《彼得前书》1:15："那召你们的既是圣洁，你们在一切所行的事上也要圣洁。"这两处经文都点出了基督徒生活的核心，就是圣洁。"污秽"是用来描写罪恶的字眼，"圣洁"则是用来描写信仰的字眼，"圣洁"包括神期待我们在生活中彰显出的所有美德。圣洁并非某些特定的基督徒所独有，而是每一位基督徒应有的本分。教会或许不会将你捧为圣人，若是这样，教会就是误解了圣洁的真意；因我们每一人蒙召，都是要成为神圣洁子民的一份子，所以每一位自称为基督徒的人都是圣徒。保罗在《以弗所书》1:4 说："就如神从创立世界以前，在基督里拣选了我们，使我们在他面前成为圣洁，无有瑕疵。"在《罗马书》8:29 也有同样的表达："因为他预先所知道的人，就预先定下效法他儿子的模样。"保罗在《帖撒罗尼迦前书》4:3 所说的更广泛："神的旨意就是要你们成为圣洁。"所以，将"圣洁"特归教会精英分子所有，乃是一种误解。事实上，圣洁不是专为哪一群人所独有，而是属于神的每一位子民，因为圣经告诉我们："要追求圣洁，非圣洁没有人能见主。"（来 12:14）

一、圣洁是属神所有

基督徒的"圣洁"是指什么？圣洁其实是属乎神专有，神就是圣洁。既然独有神是圣洁，这就是论及神位格本体的特质。当我们从神领受的时候，我们便成为圣洁，无论是神所赐的一切，或是我们所领受的一切，都是圣洁。圣洁不是我们自己去成就一些事物，奥托（Rudolf Otto, 1869－1937）在《神圣的观念》（*The Idea of the Holy*）一书中提到：圣洁乃神的特质，是神超然的特质；神的奥秘之处，就是全属乎神的一切。在旧约里，我们看见祭司在圣殿中敬拜神时，要将侍奉神的器皿分别出来，这些器皿不是因为经过了某种祝圣的程序而成为圣洁，只因它们是专属神所有，因而被称为圣洁。总而言之，凡属神所有的，都称为圣洁。《申命记》14:1－20 告诉我们，所有的百姓都接受神的命令，要成为圣洁，因为以色列民已经与神有立约的关系，他们是属神的圣洁国民。在《申命记》14:21："你是归耶和华你神为圣洁的民。"在旧约中，物体的专有权是从神所拥有的一切来看，也许我们拥有房子或其他产业，那房屋的样貌、性格也像我们，但不等于说我们有这房屋的所有权，我们只不过是有权利拥有它。圣洁本体的观念，在旧约中最核心的意义：这是属于神，并反映神的性格，是归耶和华为圣的。

二、圣洁是分别为圣

旧约另一个关于圣洁的观念，即分别为圣、专属神所有。属于神的，是奉献归神，是从其他一切联系中分别出来。《申命记》14 章提到，以色列民需要从周围异教人的风俗习惯中分别出来，因为他们是被分别出来专属于神、特作神的子民，要顺服神对他们的所有要求。《以西结书》38:23，神亲自宣告他的圣洁："我必显为大，显为圣，在多国人的眼前显现，他们就知道我是耶和华。"当我们论及分别为圣、属于神时，我们是承认神在我们身上的主权，承认神是圣洁的，是将我们的生命分别出来，归向于他。先知以赛亚呼吁百姓要认清神的圣洁："但要尊万军之耶和华为圣，以他为你们所当怕的、所当畏惧的。"（赛8:13）当你是如此敬畏神的时候，就没有任何会令你畏惧的事物；因人晓得怕神，他就再不怕其他事物。但是，当我们在办公室面对老板时，我们很容易忘记这节经文，我们会很自然地怕老板，不怕神。《彼得前书》3:14 – 15 劝勉我们："不要怕人的威吓，也不要惊慌，只要心里尊主基督为圣。"

如何追求圣洁

当我们总结旧约或整本圣经是如何论及圣洁的时候，可以得出以下结论。基本上，圣洁是论及人与神的关系，并且借此关系反映出人是全然向神尽忠，是圣洁、是分别出来归向神的。所以，人活在世上是要反映出神的美德。《创世记》1章就已开宗明义地说道：人是按着神的形象被造。这个论点可借用一些古代文献作为证据，例如，在古埃及时期的边界或边疆地区，通常会树立一个人像，这雕像似乎是法老的人像，人像的眼目在那里遍察周围全地，象征宣告这一处的疆域是属于他的。所以，当圣经告诉我们，人既是按神的形象被造，就应该反映出他的美德。在《创世记》1:28 说到人被神创造的过程，意味着我们需要实实在在反映出神自己的品格，即我们生活的所在是神治权的所在，我们活在世上是代替神执行他的管治权，或者说是代表神。

一、旧约对追求圣洁的教导

之前提到其他宗教也有圣洁方面的教训，他们会为一切属天、属灵之事着迷，会去追求一切令人肃然起敬的事物。但圣经从未曾将神的圣洁与他的伦理、道德的品格分别出来，因为神的品格就是美善，所以他将公义、真理显扬。因此，当我们被劝勉去追求圣洁时，同样需要在公义、真理方面彰显神，因为圣经对圣洁的观念里包含了对伦理的纯正。先知以赛亚在圣殿的异象中亲身体会到自己的不洁、污秽，他说："祸哉！我灭亡了！因为我是嘴唇不洁的人，又住在嘴唇不洁的民中；又因我眼见大君王万军之耶和华。"（赛 6:5）在亲近神的过程中，我们会意识到自己本身的不配、污秽，我们需要被洁净。另外，我们会在伦理上感到不配，这反映出我们有一回应的需要，就是要得着一颗清洁的心。

二、新约对追求圣洁的教导

新约在说及圣洁的时候，同样是从关系的角度出发。圣经提醒我们，我们的圣洁是可以透过耶稣基督传递给我们，基督徒的生活乃是一种向着基督圣洁标准前进的生活，我们必须充充满满、明白神的旨意，如使徒保罗劝勉我们要效法基督的心思："心意更新而变化，叫你们察验何为神的善良、纯全、可喜悦的旨意。"（罗 12:2）所以，悔改是我们一切生活为人的再思、再造，使我们最终"是有基督的心了"（林前 2:16），这是因为学习以耶稣基督的思想去思想。新约告诉我们怎样成圣、怎样分别为圣，这乃是很多属灵或很多心思方面过程的总和，包含对神的信靠与敬畏的行动、信任与顺服、洁净与被释放，这些都在信徒生活中被表达出来，使我们能像神一样圣洁。

在圣洁的生活中，我们需要重新调整我们内心的态度，以致我们的良心是受过训练、受过教育的，使我们的意志重新被引导，可以体会到我们需要顺从圣灵，而非顺从私欲。首先，保罗重新为我们指出"重演的重要性"，意即我们透过耶稣基督的生死与复活来重新过我们的生活，我们像在重演这一过程，在我们心思意念中寻求有耶稣基督的心思，就是我们对神的态度，变得像耶稣基督对神的态度。其次，保罗告诉我们，在信徒生命当中由于有了耶稣的灵，我们就能变得像基督。第三，保罗提醒我们需要有基督耶稣的心思，使我们经常有合乎基督心灵的一切意向，寻求合乎耶稣基督一样的动机、心意，不像法利赛人那样只求外表行为，内在动机却不良。

成为圣洁，乃是跟随基督，培养有基督的心灵，有基督的心思。因此，追求圣洁不只是在理性上的追求，也非单单凭人的智能所达成的一些结果。假如我们不渴求每一天活在基督的同在里，根本无人可凭己力发展到有像基督的心思，也无人可以有圣洁生活的表现，因为是圣灵首先将圣洁赐给我们，我们才能有圣洁的表现。这么说来，我们对基督不只是有一种回忆，我们今天是活在基督复活的大能中，这位复活的基督乃是活生生地住在我们心中，我们是受他的圣灵膏抹的。

圣灵将圣洁赐给我们

我们在《使徒行传》里看见信徒在教会初期就领受了圣灵，因为耶稣已答应将圣灵保惠师赐给我们，"我不撇下你们为孤儿。我必到你们这里来。"（约 14:18）圣灵其实是基督的另一位；被圣灵所生的人，圣经提醒我们可以透过同一位圣灵来亲近神。保罗在《加拉太书》5 章告诉我们，当我们心中有圣灵的时候，就会在我们的生活中渐渐结出圣灵的果子。"圣灵所结的果子是仁爱、喜乐、和平……"这些都彰显神的属性，也标志着我们与神、与人、与己的关系。作为一个圣洁子民的基本生活态度，不是竭力地争取，而是不断地降服；不是不断地寻索，而是不断地领受。当我们等候、仰望、敬畏神的时候，我们有如敞着脸，对着镜子观看，亲身看到神的脸孔，我们也因此得以更新改变，荣上加荣。

在我们的生命中，既已领受了圣灵（约 20:22），就"不要叫神的圣灵担忧"（弗 4:30），"不要消灭圣灵的感动"（帖前 5:19）。使徒不断提醒我们要一生一世让圣灵做我们的良朋密友，让他有份带领我们走人生之路；在我们人生的经历中，可以依赖他时刻相伴；在为前途的打算中，可以留下余地让圣灵来带领；决不要让我们与生俱来的气质受阻碍，叫圣灵担忧，甚至消灭他的作为。所以，在我们一切的假设、一切的态度中，让圣灵有份，让他的自由与灵活成为我们内心的自由与灵活。圣灵能够赐予我们未曾有的真理及洞见，并超越现在所有的。因此，要有一对敞开的耳朵，一颗愿意顺从的心，使我们能享受一种被圣灵充满的人生。这正是新约论及圣洁生活的教导。

历史中偏差的圣洁模式

一、修道主义

在教会历史中，对于"追求圣洁"曾出现过不同的模式，有些是偏差，有些是被歪曲。第一种模式是修道主义（Monasticism），"修道主义"或"僧侣"是从希腊文而来，原为单一为主而活之意。修道主义约在四世纪兴起，借着修道来表达跟随耶稣基督的心志。

《马太福音》19:21 中耶稣说："你若愿意作完全人，可去变卖你所有的，分给穷人，就必有财宝在天上，你还要来跟从我。"这节经文可说是修道主义的根据。他们穿古代孩童的服饰，强调要回复像小孩子的样式，否则不能进天国。修士们穿的袍子上有一条带子，由三股绳子组成，三股绳子象征修士所起的三个誓愿：贫穷、贞洁和顺服。而他们起愿的生活模式，象征耶稣基督在旷野所受过的三个试探，因此要记得耶稣在三次受试探时的答辩。第一是"贫穷"的愿，修士们学习耶稣基督反驳魔鬼的试探："人活着不是单靠食物，乃是靠神口里所出的一切话。"第二是"贞洁"的愿，当魔鬼要耶稣从殿顶跳下时，耶稣的答复是："不可试探主你的神。"基督徒的生活不是充满戏剧化的人生，也不是一种自我表现的人生；"贞洁的愿"是不爱自己专爱基督，所寻求的一切声誉都是为了基督。第三是"顺服"的愿，撒但向耶稣试探说："你若俯伏拜我，我就把这一切都赐给你。"耶稣断然拒绝。

修士们看自己的生活是顺服神的生活，他们生活的基础就是这三个誓愿。不过，这种生活行之多年以后就被制度化了，且常被人诟病。事实上，我们许愿要向神而活，乃是一种关系式的生活，而非单靠持守一套律例清规。罗马天主教使许愿的生活沦为律法条文，把跟随耶稣基督的生活变成一种制度，导致发展到后来，一些修道院的生活变得远远不符合起初的原意。中世纪的修道主义或禁欲主义，深受新柏拉图主义的影响，并根据这个主义的世界观，将属灵与属物质做最大划分，认为凡是属灵的，一定比一切属物质的更有价值。结果，教会走入二分化的思想，出现了头等基督徒、二等基督徒的等级划分。罗马天主教会时至今日仍未能完全脱离这种思想，于是就产生了热心的、敬虔的信徒和类似我们这样普通的信徒的分别。甚至在今日福音派的教会中，也会认为教牧人员、教会领袖"高人一等"，很容易将这些有圣职的基督徒与平信徒分别出来。

二、为基督作愚拙人的运动

"为基督作愚拙人的运动"是一项在中世纪流行的过圣洁生活的模式或实验，即所谓"神性的傻瓜"。当时甚至流行用一些蠢蠢的、傻傻的说话来护教。然而，我们需要从更有深度、更敏锐的角度来看，为何当时会有"圣洁的愚拙人"的行动。

有一次，我和一位朋友在瑞士洛桑散步，这位朋友观察到一个很有趣的事实，就是在当地的高楼大厦，甚至是大城市里的建筑上，都没有类似大教堂里的那些雕刻。如果你去过欧洲，就会发现那些中世纪建筑物的屋檐上总有一些古怪的小人物像。我这位朋友观察的结论是，生活在中世纪的人比现代人更有幽默感。或许是因为现代人做人太严谨了，时常自以为聪明，所以总带着神色凝重的态度来处理一切高科技。事实上，我们的生命中需要有幽默感，而幽默感的特色之一，就是不要对自己太严谨，看自己要合乎中道。

但是，如果你想要在社会上有幽默感，就需要有道德架构。中世纪那些在庭园或宫廷里的小丑，其实是俳优，在憨傻中说出智慧的话。为什么今日似乎看不见真正的幽默感呢？我有一位朋友，他以前是英国《笨拙》杂志的编辑（那是一本极具幽默感的杂志），可以说是幽默泰斗。有一次，他的一位朋友在戏院看色情片，因笑得太大声而被赶出去，那些观众很严肃，他们忍受不了有人在看色情片时居然能笑。为何看色情片不能笑？这说明一个事实，那就是你需要有界限、有规律，若没有规律的话，也就没有什么是会破格的，也就无法看见破格事物的可笑之处了。我这位友人的观察，就是发现中世纪的社会架构比较严谨。

若我们在基督里表达自己的谦卑，或在天上看为最幽默的一件事，就是看我们这些凡夫俗子学习改变似耶稣基督的过程。当神看见我们在地上一切笨拙的举动，有可能会笑到直不起腰来。

我们发觉在中世纪兴起的教派（在新约也有此情况），总是谈到十字架的愚拙，甘愿为基督作愚拙人，正如保罗所说的，他的取向、价值观与世人背道而驰。一些沙漠修士，甚至在四世纪初，就是这样看待基督徒的生活：当人成为基督徒以后，便投入圣洁的愚拙生活中，借此讽刺世人的价值观念。从世俗的眼光来看，身为基督徒的确很傻，六世纪的甘厚教父说："我们仰望保罗，不是因他叫死人复活，也不是因他可能行过医病的神迹，而是欣赏他所说过的愚昧话，他说：'有谁软弱，我不软弱呢？'保罗从来没夸耀自己的任何成就，却自称是愚妄人，倘若他有夸口的，就是夸自己的软弱。"甘厚的这一席话，正说明基督教信仰可以将世人的价值观念颠倒，或是调正过来。

最大的神圣傻瓜要属圣方济各（Francis of Assisi, 1182－1226）。这位青年武士不屑于父亲一心一意为儿子安排的舒适生活，在主教面前脱掉父亲重价买来的绣金衣服，并赤裸裸地在街市上行走，令他的父亲相当生气，却又无可奈何。方济各要让他的父亲知道，他的价值观与父亲是截然不同的，他愿意为基督作愚拙人。所以我们看见有些武士、贵族，或是一些生活很舒适、很富有的人，他们放弃土地、财物，甘愿为基督作愚拙人。或许圣方济各可说是神圣傻瓜的代表人物。

在改教运动时期，基督徒再度重新强调作基督傻瓜的主题。我们看见马丁·路德是一个具有幽默感的人，他借用"作耶稣基督的傻瓜"为他的标记。马丁·路德说改革运动是一项愚不可及的运动，因为这将一切权威次序颠倒过来，就像宫廷的小丑一样，将荒谬的事物显扬出来。其实，圣洁的傻瓜所表达的不是"我傻"，而是世人才是傻子。

三、约翰·卫斯理的完美主义

今日很多宗派教会的起源，都是受到十八世纪卫斯理或循道运动的影响。约翰·卫斯理（John Wesley, 1703 - 1791）的生活及他的教训，影响了基督徒的生活。

卫斯理对圣洁生活的追求，是受到两件事的影响。首先是童年时期受家人的影响。他的父亲似乎是一个不修边幅、没有纪律的人。父亲在卫斯理的眼中不是个权威人物，他的母亲才是。卫斯理家有十五个孩子，母亲不只是照顾十五个孩子，并且写足了他们每日每时要守的规矩，将这些大大小小的条例贴在家里，使孩子们随时可以看到。甚至在每一个孩子的床头，都贴了这些规矩，为要他们每日遵守。卫斯理的母亲发觉"自我的意志乃是万恶之根"，她的教育哲学就是每个小孩都要听话。第二件对他有深远影响的事情，是在他六岁的时候，当时的牧师住宅发生了一场火灾，因神的保守，他被救出火场。因此，卫斯理长大后，认为这两件事一直在影响着他，他确信神保存他的生命一定是有特别的工作要他做。后人发觉，卫斯理在少年时期，其内心深处就受此强烈感情的影响：第一，有天命的意识；第二，认为作基督徒要守规矩，即每时每刻都要清楚自己要做些什么事。所以，你会发觉卫斯理在未成为真正基督徒之前，就很想过圣洁的生活了。

1720 年，卫斯理进入牛津大学，1726 年被按立成为院士之一。他召集一群朋友，组成圣洁会。圣洁会只有一个目的，就是追求圣洁的生活。很奇怪的是，他在圣洁会作了六年会员，却还不是基督徒。大多数人成为基督徒，是因为感到自己需要得救；卫斯理却不一样，他作基督徒是因为他想要圣洁。1735 年，他越洋来到美洲的乔治亚州，并熟读当代的经典之作，如肯培（Thomas Kempis，1380 - 1471）的《效法基督》（*The Imitation of Christ*）。他热切地追求圣洁的生活，却越过越不满意。直到 1738 年，才有悔改归正的经历，得以改变他整个的人生。他就像浪子比喻中的哥哥（参路 15:11 - 32），这位哥哥与浪子是一样的沦落，一个是在自义、律法主义中沦落，另一个则是在犯罪、放荡中沦落。

卫斯理有一位同事叫乔治·怀特菲尔德（George Whitefield，1714 - 1770），此人才是循道宗真正的发起人。当怀特菲尔德决定去美国作短期宣教时，他请卫斯理在布里斯托尔区作他的助手，而在伦敦的空缺，则另请一位助手接替。怀特菲尔德起程至美国约一个月之后，卫斯理开始反抗怀特菲尔德的领导权，甚至擅作主张去伦敦讲道，自封是英国循道运动的领导人。一年后，怀特菲尔德返回英国，面对的却是卫斯理及他的随从的公然反对。怀特菲尔德是一位很有神恩典的温和的人，他做了一件在基督徒领袖中很独特的事，他悄然引退，离开循道运动，让卫斯理自然地继续作领袖。

但是，悲剧随之而来，卫斯理的讲道内容越来越与怀特菲尔德的教导不一样。卫斯理开始教导基督徒必须全然成圣，假定基督徒在生命过程中必须经历到完全的转变；所以，他开始教导基督徒可以完完全全不犯罪，就是不可再有任何的软弱、任何的骄傲。卫斯理大力宣扬这种完美主义的神学，甚至假设在基督徒生活中有固定的几个不同的阶段。第一站是悔改，第二站是称义，第三站是成圣，另外还会有一次与悔改一样显著的经历，即"完美悔改"的经历。卫斯理的教导使人感到混乱的是，他所说的经历连他自己还没有经历过，只是因他遇到其他号称有此经历的信徒，就相信那群信徒所说的。卫斯理一方面故意反对怀特菲尔德所传的加尔文主义思想；另一方面因自小深受母亲的影响，很诚恳地一心追求过圣洁的生活。结果，他产生的这套实践的神学，与他自己的个性很相似。也有可能是卫斯理想要巩固自己的权位，而说出这一套的思想。

1741 年，卫斯理开始发"会籍券"给那些愿意追随他过圣洁生活、守规矩的人。他的领导方式很专制，他要求每一组组长要向他报告，甚至发展出一套监控系统，若有人不听话可即刻报告给他。在十八世纪后期，英国处在道德没落的时代，当然就需要在行事为人、礼貌上更新，一旦矫枉过正，就出现太过滥用权力的情况。像卫斯理这样一位领袖，他时常意识到自己的生命仿佛具有独特的天意，所以在他有生之年，就经历了两次与其他信徒分割的行动，遂使整个循道会的运动，变成受严格规限的运动。

十九世纪教会的一个悲剧，就是跟随圣洁运动的教会，时常会追求一种不切实际、亲身对圣洁的经验，结果造成神学思想上的大混乱，并使自己的个人生活有不切实际的冀望，时至今日教会仍需要面对此混乱。

受圣洁运动教导的人，会发觉其中的理论多于实际，既然不实际便可不理会，结果他们享受不到在基督里作为神的儿女的自由。这是对我们最严肃的警告，我们需要很小心地看我们所领受的"因信称义"的真理是否清楚。我们无法像火车时刻表那样，可以清楚地将我们从悔改、称义到成圣过程分割开，因为既然得救必定称义，倘若已被称义，也就是被分别为圣的。所以，神所赐的救赎大恩不是人可以割裂成一块一块，甚至为着一块一块来争吵的。神呼召人悔改，同时也呼召人成圣、称义；神对我们的呼召，乃是要人一生属乎他，一生过圣洁的生活。

所以，我们永不能将悔改与成圣割开。教会历史给我们的忠告是什么？就是要让我们看到在追求成圣过程中的一些过分之处，提醒我们注意，在属肉体的生活中，人人都有出人头地、受人重视的念头。大家不想作一个平平凡凡的基督徒，而是想作一个很独特的人，或说要作一个非凡的人。也许神给我们的帮助，就是要医好我们的"非凡病"，他要我们过简朴、单纯、谦卑的生活。其实人有何重要性？人一切的重要性都尽在基督里了。

附录
探索孤独的荒原大陆

翻译 周靓

如果你看过《帝企鹅日记》这部电影的话，你就可以切身体会到，在南极冰封大陆最恶劣的环境下，企鹅非凡的本能行为。它们的行进路线记录如下：前进差不多七十多公里到它们的繁殖地，雌企鹅和雄企鹅相互交替照顾它们的蛋，需要补给的雌企鹅行军回到大海，然后回来给刚孵出的小企鹅喂食。之后，雄企鹅采取相同的方式向海洋进发，然后回来为家人补充食物。每对企鹅只为了养育一只小企鹅，就会行进超过三百五十公里的路程。然而，我们不会用"孤独"来给这些企鹅在遥远南极大陆的努力归类。因为动物按照本能去生活，所以不会像人类一样有充分的自觉意识。它们的思想非常有限，而且欲望也非常有限。人类的自我意识之所以不断膨胀，是因为我们的思想和欲望一直在膨胀。正是我们内心不断膨胀的思想和欲望，使得我们人类彼此之间相隔甚远，犹如一片广袤的大地，常被比作"冷漠的冰原"。其实，哲学家也提到，人类自我意识中的孤独感是难以言表和坚不可破的。

"大陆"的比喻与"海洋"的比喻刚好相反。即便是一片大陆，它也是有边界的，不像是"大海"，在解经中常常被看做是无边界和混乱的。大海的力量超过人类的控制力，因此只有耶稣才能在"海面"上行走。即便对孤独的探索可能茫无际涯，我们依然能够作为道德主体去面临孤独的挑战。在泛神论的东方宗教中，吸收了"万法归一"的思想，好像有限的人类是被淹没于无限的海洋中的。这样的宇宙观使得对"孤独"的探索变得毫无意义，因为这会使得任何欲望都变得不合理，也消除了作为一个独立个体去思考的合理性。而正是这种独立的思考，使得"孤独"成为西方人类境遇中一个强大而基本的现实，尽管作为人类，西方人和其他地方的人一样，有很多相同点。

"孤独的人群"的当代特征

人类生存条件的许多方面已被广泛研究，然而，直到现在，"孤独"所受到的关注还是相对较少。对此问题的第一个重要研究可能是大卫·里斯曼（David Riesman）

在 1953 年作出的那一个。那似乎预言着，通过城市化和现代社会的其他文化力量，科技将会带来巨大的"孤独感"。近年来，更迅猛的是，教会也同样被其成员之间的"群体性孤独症"所传染。也许，这是我们摆脱"大众文化"特色的现代性，进入以"电子革命"为特色的更强的个人主义文化之后的反应。基督徒也像社会上的其他人一样，同样不喜欢被"程式化"约束，而这个词就像"共同体"的假象。诗人艾略特（T. S. Eliot）在他一语双关的著名诗句中说：

我在团契中失去的友谊在哪里？
我在节目中失去的关系在哪里？
教会日程表循环往复，
我日渐离开了上帝，
而更加接近所谓的"成功"。

在世俗世界更广泛的层面，我们看到了人类心灵疏离的无数后果。人们为了与之抗争，形成了如下消费额达数十亿美元的产业：心理治疗、交友服务、娱乐、毒瘾、色情及其他，太多的婚姻被认为是解救孤独的灵丹妙药，然后恰恰在这一点上惨败。我们因此可以总结出一个规律："始于孤独的婚姻，很容易就在不为人知的孤独中终结。"

对孤独的恐惧会减少独处的时间，让我们陷入不断的忙碌中，或是生发鲁莽的行为或不负责任的性行为。确定无疑的是，色情现象是一个社会孤独程度的明确指标。受伤后的孤独，可以让因受伤而心怀怨恨的人麻木不仁，变得完全以自我为中心且心硬无比，甚至为了报复而去犯罪。我们可能很少意识到，我们的刑事诉讼案件中，有许多是由孤独感造成的。

我们同时也应该认识到受伤后的孤独所引发的不饶恕的严重性。这不仅使我们远离别人，也使我们在内心与自己隔离。那些无法原谅自己的人，倾向于加深自我意识中的无价值感。这种感觉会将他们与人群隔离，也会抑制他们与其他人之间的联系。与此同时，一颗对他人苦毒的心，也会加剧自己的孤独。

孤独感经常与个人的挫败感相提并论，虽然有时候这种感觉会被否认，或至少被视为是不愿意被暴露出来的感觉。它具有多面性，它的定义也模糊不清，有许多分支。因此，我们可以断言，孤独已成为精神病学需要研究的前提。这表明孤独的病理表现对于我们所有人来说，是何等的基本和广泛。这也反映了人类在本质上是社会性的，而感到"孤独"其实违反人类的本质。我们清楚地知道与孤独有关的疾病，如抑郁、敌意、酗酒和其他形式的上瘾行为、自我形象差、精神疾病、偏执狂、精神分裂症，其中最悲惨的是自杀。

当今世界，我们在生活上对科技的倚靠越多，越会增加我们感到自己是"孤独的个体"的感觉。我们对此确实可能会感到不寒而栗。展望前景，我们将要进入一个"机器人社会"，就像日本在 2015 年到 2020 年左右就将成为直面这一现实的首个国家一样。

与所有这些当代孤独的症状相反的是，以前的文化为脱离"孤独"提供了更多的可能，如大家庭生活、亲属或部落的连结、互助的角色、相互的义务、由于共享有限的工具而形成的相互依存的关系等等。我们可以因此来按照地域计算孤独系数及其不同的强烈程度。可能今天的日本和北美展现出最强烈的孤独的形式，而非洲的农村则最弱。城市化的程度也许可以解释导致这种不同的原因。但是，今天的世界，随着电子产品的全球蔓延，孤独的问题变得比以往任何时候都更加模糊，也比以往任何时候都更加复杂。如果说，当年的狄更斯看到自己是生活在最好的时代，也是最坏的时代的话，那么我们对自己的未来做出任何预测，都不会有人觉得过分。但有一点是肯定的：未来将变得越来越模糊。所以，现在这种情况，挑战我们从正反两面去审视和解释"孤独"的特点。

"孤单"不一定意味着"孤独"

1972 年，克拉克·穆斯塔克斯（Clark Moustakas）

是最早区分以下两类词的作家之一："孤单"和"对孤单的焦虑"。前者是指客观上没有人陪伴的现实，而后者是指一种被他称作是"对孤单感到焦虑"的状态。处于后者的人会尝试很多种方式将自己武装起来，以消除"孤单"的状态，或者不断寻求补救措施。在西方世界，这已经成为一个数十亿美元的产业，并由此衍生了众多其他产业：音乐产业、电影产业、治疗和咨询服务、上瘾症治疗中心、养老院、自杀热线电话和预防中心、SPA 会所、婚恋服务、培养自尊的艺术课、自助书籍等。

然而，去退修中心或者修道院，以及对精神或身体有恢复作用的健康 SPA 会所，都是以积极的方式独处。艺术家、音乐家、作家都知道孤独对促进他们创造力的重要性。曾担任威斯敏斯特教堂大主教的休谟（Basil Hume）说过："如果你没有花时间在沙漠中生活过，你也没有办法在市井生活。"在有深度的谈话中获得洞察力、或在品格上进深、或与神更好地交通，这些都要求我们陶冶内在的品格。事实上，只有那些能够以创造性的方式培养独处能力的人，才可以克服孤独感。因此，对所有人来说，我们不仅有一个"基本实存的孤独"，我们还有"对孤单的焦虑"，那是我们对抗社会性孤独的方式。

我们都可能患上社交恐惧症，过多社交活动后的倦怠会削弱我们的生活，使我们变得肤浅和不可靠。当语言草率和冗余时，就会变得很廉价。沙漠教父曾为我们呈现独处和静默的价值。他们这样做是为了"认识自己"，获得"认识神"和"认识神眼中的自己"的双重知识。然后，他们可以获得进步，体验到"虚假自我的消散"。如果我们更加诚实地面对和反思自己的内心生活，那么通过这样的方式，我们就可以培养更多的自我认知。在基督里培养自我认知，这就是我们获得智慧的方式。

相反的是，如果我们不知道如何欣赏自己内心的孤独状态并泰然处之的话，我们可能会加深自己的孤独。也许我们都不敢"与自己相处"，这是因为我们缺乏谦卑或道德勇气去面对自己，或者甚至不想知道更真实的自己。那么，在你的内心世界，个体性的孤独状态可能会比社会性的孤独更加糟糕。

因此，我们需要追溯人类不同类别的"孤独"状态。可能会加深人类孤独感的基本因素是思考、欲望和对权力的追逐。事实上我们观察到，从本质上讲，人之所以为人，就是因为我们会体验形式多样的孤独。但是，为什么我们把它称为"孤独的大陆"？或者，为什么我们曾经想将它描绘出来？也许是因为我们生活在一个精神治疗的文化当中。类似"注意力缺陷"等情绪障碍病症，从来没有像今天这样被宣传得如此之广。像这样的自我意识放大，其实是在加剧我们所能体验到的孤独感。

更糟糕的是过去一个世纪的恐怖数据。在我们这个时代，一个"黑洞"出现在我们的文化雷达屏幕上，它来自于对其他种族的可怕而不人道的行为，来自于大屠杀事件，这"黑洞"不会消失！几年前在布达佩斯，我遇到了一个基督徒精神病医生，她擅长医治自闭症儿童。她开始与我分享她的故事，她是一个犹太人，父母在针对犹太人的大屠杀中，死在毒气室里。"哦，是的，"我回应道，"在你的余生，你还会不会继续探索这个孤独的大陆？""事实上，我仍在不断地探索。"她回答道。她在儿童时期就成了孤儿。她对我说："孤独就是我的名字，除此之外，我没有其他的名字。"然后她补充道："成为基督徒只会让大屠杀对我的意味变得更深刻，从我自己的民族中孤立出来，也从其他的人中孤立出来。同时，在大屠杀之后存活的愧疚也使我感到痛苦，我所有的直系亲属都在大屠杀中消失得无影无踪。那段遭遇对我来说意味着什么，也许穷尽一生我都没有办法弄明白，我也无法跨越自己内心世界的广阔荒原大陆。"然后，她开始给我写信。在描述她记忆之旅的每封信中，她都体会到了极度的情绪耗尽。是的，她懂，她比我们大多数人都懂，探索孤独的荒原大陆意味着什么。

在下文中，我们将探索人类孤独的五个方面：

1. 能够帮助我们总结出类型及其成因的个体性的孤独体验。

2. 我们"堕落本性"的存在状态。

3. 作为"会思想的自我"之独立意识的一种理性和哲学性探索。

4. 欲望与孤独。

5. 对"神是孤独的终结者"的沉思。

个体性的孤独体验

一旦我们开始反思"我有多孤独？"这个问题，我们就会发现这句话是有语境的，也就是有一些前情提要或一系列的背景故事。下面是一些我的亲身经历。

财富

我第一次在公开场合讨论孤独议题，时间是在 1976 年，地点是在纽约玛丽·洛克菲勒夫人（Mrs. Mary Rockfeller）的家里，那是她与一群朋友组织的每周一次的女性查经小组。她们是非常富有的女士，都分享了对许多自称是"朋友"的人的不信任，财富就这样制造了这种不信任的障碍。多年以后，我在一个非常不同的情况下再次遇到一位该小组的成员。"哦，你是那个讨论孤独的演讲者。"她这样说，并鼓励我进一步探讨这个话题。半个世纪之后的现在，我终于完成了这件事！

美女

1976 年之后不久，在我们的大学，我采访了一个非常漂亮的澳大利亚学生，并评论说，她一定很孤独。"你怎么会这么了解我呢？我们刚刚认识呀！"她回应道。"因为你的美孤立了你，"我回答道，"男人会将你对友谊的渴望误会成你对性爱的渴望，而女人则会嫉妒你的长相。"一个英俊的巴西学生对我讲了一个类似的故事。还是一个孩子的时候，母亲就称他为"美少年"。"我从来不觉得母亲真的了解我，"他对我说，"因为她只关心我的外貌。"

学术

一个优秀的外科医生展示了孤独的第三个特点，他积极地回应了我在温哥华一家当地教会的一次关于孤独的讲道。直到四十年之后，这位朋友来告诉我，他从来没有忘记过那次讲道，因为它帮助他了解自己简洁的行为模式。辉煌的学术成就让他感到厌倦，让他觉得他的职业生涯无关紧要。为什么呢？因为作为一个早熟的孩子，超常的智力使他迅速从家人中被分别出来。他从来不觉得那些最亲近他的人真的认识他，他们对他外在成功的钦羡似乎只是加剧了他的孤独。

犯罪

第四次是在华盛顿特区，当时我和我的朋友正在排队等待安检，准备进入白宫，和白宫的一些工作人员一起去参加一个基督徒聚会。"安全警察会让你进去，一定是被授予了最高的权力。"我开玩笑道。我的朋友曾经是三K党的主要成员，他生活在二十世纪六十年代的密西西比州，FBI认为那是最混乱的地方。他企图在一个犹太银行家的家里扔炸弹，与他的同伴都被联邦调查局射中。他的同伴被射死，他被判处三十五年有期徒刑，单独监禁三年。他至今内心仍然充满孤独，远比我们大多数人能体会到的更多，即便是在他慢慢说话的时候，你仍然能体会到他的话是从他灵魂深处的洞穴发出的。

对失败的恐惧

我的第五个例子来自我们的校友最近发来的一封电子邮件，校友在邮件中抱怨自己的孤独以及内在的无力感。他的邮件写道：

我在维真神学院的时候，并没有在生命的成长成熟方面取得任何的进展。所以，我开始意识到一些拦阻生命长久性变化和成长的主要原因。我已经认识到，我没有激情燃烧的岁月，也没有觉得我的生命有任何意义。只有在必要的时候，我才会觉得可以去做这件事。因为我害怕失败，只强调失败，只看到失败。而且，避免失败的最好方法是什么都不做，只是，什么不做也同样是失败。所以我成为了一个非常孤独的生活观察者，而且是非常挑剔的那一种，认为自己是唯一一个真正知道真相的人（我也弄不明白自己怎么能既觉得自己是一个失败者，同时又觉得自己永远正确）。在现在的中年生活中，我感到自己内心的压力在生长，就像经历了漫长寒冷冬季的一个大坝，它会在雪融化后的春天感到压力增大。在过去这么多年来，孤独在我心中不断聚集，这增加了我的压力，并且在我的内心中产生了很多的愤怒、痛苦和冷嘲热讽。这些负面情绪溢流出来，并渗透于我所做的事情当中。我觉得自己浪费了那么多时间，却没有做任何事情，因为在某种意义上，我缺乏语境，可以赋予我的行动某种意义。我可能想要读一本书，但我应该读哪一本？为什么读这本？我读这本书的目的何在？我因此看了很多侦探小说。

我朋友的孤独生活，有太多东西可以深入挖掘。他有一个美好的家庭和一个贤淑的基督徒心理治疗师妻子，但对于我的朋友来说，如此讽刺的是，他被囚禁于他内心的孤独牢笼。

怀旧的孤独

我是一个从英国牛津来到加拿大温哥华的移民，因此清楚地记得，在 1970 年代，我需要抑制的"怀旧的孤独"。我禁止自己奢侈地回想牛津大学的绿色草坪，这是我的"新朋友们"永远都不能共享的。巴西的葡萄牙移民仍然使用 marinan 这个词来表达对自己心爱的海岸的感叹，那是他们祖先居住的地方。然而，这种怀旧的孤独现在变得非常普遍，因为社会迁移随着空中以及地面旅行、就业地点更换等人类活动而变得越来越频繁。

专业的孤独

这种情况是由社会分工日益专业化所导致的，使得家人和朋友很难彼此分享职业所得。然而，工作满意度本身，曾经被认为是一种价值，现在人与人之间的交际生活逐渐分工细化，所以在一个人的职业之内去克服社会性孤独变得越来越难。工作日程占据了著名公众人物的大部分时间，这样的时间很难与家人分享，因而是以其配偶在内心"守寡"作为代价。随着运动、爱好、娱乐等的多元化发展，"兴趣带来的孤独"也开始产生了，这是没有办法与配偶或在自己的家庭中分享的。

家庭破碎

然而，引发孤独最尖锐的方式是家庭纽带的断裂。一个十七岁的女孩，被迫离开自己的家庭，她所有的家当，从她卧室的窗户被扔到下面的院子里。她讲述了这样的情形："当我从地上拿起我所有的衣服和东西的时候，我从来没有感到如此孤独，我没有告别我的父母，就自己开着车走了。"

像先知一样

我的最后一个例子是关于在职业中或者信仰中持守诚实所要付出的代价。关于这个话题，我在《喜乐流放者》（*Joyful Exiles*）中分享了一些。我从来没有想过要有一个所谓的"先知事工"。但是，人们一直告诉我，这是他们对我的印象。他们解释说，当你反对成为"派对动物"，或者反对所谓的"全民共识"，或者看不惯许多"超现实主义"的公共基督徒生活，或者探索传统生活的阴暗面，这些都是"政治上不正确"的，因而你往往会变得不受欢迎，甚至受排斥。我已被告知：希伯来先知的著作，或者更现代的克尔凯郭尔的著作，在你的阅读中不应该成为日常饮食，而要成为偶尔食用的治疗药物！你有的是"个人性"身份而不是"群体性"身份，这确实会让你从人群中脱离出来，大家都高高兴兴地接受无需思索的共识。

所有这些多样性的事件和经验表明，做人就意味着孤独。当你想成为一个真正的人，或者诚实的基督徒的时候，也许更是如此。事实上，分享我们对孤独的感受和经验可能类似于采集手指的指纹。这表明了真实的自我是什么样的。它描绘了我们的关系篇章，它设想我们所有的人好像都有两个层面：一个是内心孤独的人，另一个是有社会关系的人。这也呈现了在我们被造的起初的基本观察："耶和华神说：'那人独居不好，我要为他造一个配偶帮助他。'"（创 2:18）作为按照上帝的形象被造的人，我们继承了关系性的天性。

我们"堕落本性"的存在状态

当亚当和夏娃被诱惑相信"你们便如神"之后，他们就嫉妒、竞争并且反抗他们的创造者，这使得他们远离神。"你在哪里？"这是神在质问他们的远离。随后他们被驱逐出与神同在的状态，这也许是对我们所有人的谴责，从此，作为罪人，每个人都有了我们自己的孤独意识。当然，第一个后果是加在人类的第一对夫妻身上的，他们的内心开始彼此孤立，为所发生的事情彼此指责。同样，他们的儿子也彼此孤立，该隐因为嫉妒杀害了他的兄弟。从那以后，异教的英雄文化因着嫉妒人神之间没有界限而产生，并且在当代西方社会中再次复苏。因此，每个孤单的个体都想要被授予神一样的权力去统治他人。每一个孤独的自我都想与众不同，而不是为别人的福祉作出贡献，而想在他自主自治的王国获得神一样的特征。西蒙·戈登（Simon Gordon）在他的书《在美国的孤独》（*Lonely in*

America）中已经把它言简意赅地写出来了："孤独是与众不同，而与众不同就会孤独，活在自己的内心小圈子里就是孤独，孤独就是曾经失败过。"

世俗哲学家因此对我们的孤独作出了最凄凉的想象中的分析，因为神被故意地排除在他们的人类研究领域之外。他们引用莎士比亚的《李尔王》（King Lear），作为孤独的最主要的范例，因为莎士比亚刻意避免在他的戏剧的任何地方提及上帝。然而可悲的是，在他的一生中，这部戏剧只演出过一次，就是1606年12月26日在宫廷中演出的。因为李尔王的世界是关于物质的，在一个充满敌意的客观自然世界，他的产业将分给他的三个女儿。因此，李尔王问他的女儿："你们当中有谁敢对我说'我最爱你'？"长女高纳里尔阿谀地回答说，她对父亲的爱"多得千言万语都无法表达"。听到她的话，李尔王在地图上指明要赐给她的领土。二女儿里根声称说，她生活中唯一的乐趣就是爱父亲，因此她也得到了三分之一的领土。但李尔王最喜欢的小女儿考狄利娅，拒绝在姐妹们面前以溜须拍马的方式来回答，她只是说："什么都没有，我的主人。"

正如大卫·怀德博姆（David Wildberm）所指出的，从考狄利娅的嘴唇吐出的那句"什么都没有"，暗示了她非常诚实。那不是在排斥她对父亲的爱，而是表达她的真实和坦诚，用以肯定爱不是一件"东西"，爱也不可以是一个可供讨论和合理化的"对象"。相反，爱是一个深刻的相连关系，只有爱才能克服孤独。但父亲完全误解了她的反应。于是，他补充说："你再说一遍。"因此，考狄利娅阐述道："我很不快乐，因为我不能以我的口来描述我的心。"

之后，李尔王以行动和思想谴责自己，承受着疯狂的极致孤独，因为他将所有的人际关系都用"点金术"变成了"东西"。考狄利娅的苦恼是，她没有办法向她的父亲表达她对他的爱有多么深沉，竟然让天真的李尔王接受了两个狡诈的女儿的虚伪，却不去相信自己真实但无以言喻的爱。李尔王完全孤立了自己，无法看到她的心，没有办法知道她的感觉，也没有办法用心去欣赏和接受她的爱。这种文学化的例子并不极端。我们的文化已经愈演愈烈，家庭里从来都体会不到爱，无论是在友谊中，或是在婚姻里，还是在我们的家庭生活中。所有人都认为"爱"与"东西"有关，"爱"被认为是一顿盛宴、一件昂贵的珠宝或者是良好的教育。

所以，今天有许多世俗的作家都在描写孤独的人类状况。小说家和作家托马斯·沃尔夫（Thomas Wolfe）就活在这样情绪动荡的生活之中，他清晰地描绘出我们每个人在自己的内心深处都可能会感受到的东西。他出版了一本叫做《山之外》（*The Hills Beyond*）的书，里面有一篇感人的散文《神的孤独人》（*God's Lonely Man*），其中这样说：

我现在的整个生活信念所依赖的是孤独，这远远不是一个罕见而奇怪的现象，特别对我以及其他一些孤独的人而言，孤独其实是人类的生存核心和不可避免的特征。那些可怕的怀疑和绝望，以及一个孤独的人必须知道的灵魂中所有的混乱，都是他用自己的眼睛和大脑所收集的，再没有任何知识比这更准确的了，而维持和助长这种感受的也是他自己。他没有信仰，他只相信他自己，但这种信念常常抛弃他，让他疼痛，让他萎靡。然后，对他来说，他的生命似乎已经落空，失丧并且残破，与救赎失之交臂。每一束清晨的阳光，本是对一个新开始的承诺，然而那曾经升起的太阳，却仿佛永远不再升起。

我们在这里面对的是失去希望的人，因此这里谈论的孤独是一个无神论者的绝望。当然，他指出孤独其实不是我们的社会环境的肤浅特征。也许对于人类来说，孤独是天经地义的，并且它似乎是从我们的自我反思能力和自我超越能力而来。

"会思想的自我"的孤独意识

但是，我们的治疗文化往往是像李尔王，教导我们用临床的方式来自我检视。同样，那些研究孤独的哲学家——当然只是现在才出现的——在做同样的事情。他们非常理性地将那些只能在关系中体验的经历客观化。因此，他们得出结论：要保全自我意识需要绝对孤独。他们选择了哲学化的定论，认为孤独是不可逾越的，以之规避去爱却徒劳而返的风险体验。因此，"唯我论者"是一种极端形式的"思想者"，或是"怀疑论者"：凡事不信任，挑剔地看，挑剔地想，挑剔地提问，他们也倾向于生活在孤独的心灵环境中。

我再举一个例子，作家丹尼尔·丹尼特（D. C. Dennett）1991年出版《意识的解释》（*Consciousness Explained*），作家苏珊·布莱克摩尔（Susan Blackmore）2005年出版《人的意识》（*Consciousness: A Very Short Introduction*），他们在这两本书中都把自我意识等同于大脑活动。他们认为"我是我"的感觉本身就是海市蜃楼般的，如果你不认真对待你的自我身份，你也不会太多地感觉到孤独的痛苦。这听起来非常接近禅宗的思想，只是它表面上看起来像是最新的神经科学。苏珊·布莱克摩尔向我们保证，一开始就接受这个似乎很难，因为这意味着，"我似乎每时每刻都存在，但那只是一个暂时的幻影，我不再是几秒前的我，更何况是上周或者去年的。这令人难以接受，但我认为这在实际中是很容易接受的。"听了这种极端的唯我论，人们不禁要问，为什么这样的作家还纠结于要不要写书！

正如克尔凯郭尔所说的那样，"思想者是缺席的人"，这意味着，作为一个"人"，他拥有很多的社会责任，远比一个"思想者"认为应该有的更多。我有一个朋友是学者,有一天,他从书桌上抬起头来的时候,看到妻子因为突发性心脏病摔倒在地板上。"吉恩,"他居然问道,"你为什么躺在地板上?"我们把这种孤独的配偶称作"学者寡妇"。

当李尔王举起双手看着它们的时候,他想知道它们是否真的属于他。他并没有质疑自己是否仅存在于自我意识中,正如笛卡尔的观点(即"我思故我在")那样。李尔王是一个荒诞主义者,而非一个理性主义者,他将 res cogitans(即笛卡尔的"思想之物")解释成是一种会思考的机器。但在这点上,考狄利娅证明了自己是一个更好的哲学家。当代著名的神经学家安东尼奥·达马西奥(Antonio R. Damasio)在《笛卡尔的错误》(*Descartes' Error*)中讲到人的情感、理性和大脑,解释了笛卡尔的错误在于使心灵脱离肉体。但是让心灵过度依赖肉体,其实是相反的错误。这种说法压抑了让人心酸的孤独,好像人只是一台拥有大脑的机器。

李尔王的孤独同时也在于个人身份的丧失,因为他问:

这里有人认识我吗?这不是李尔王。
李尔王是这样走路的吗?
李尔王是这样说话的吗?
他的眼睛在哪里?

谁可以告诉我，我究竟是谁？

所以文学评论家哈罗德·布鲁姆通过忏悔来回应："阅读《李尔王》的感受是完全不可思议的，即便是在家里，我们也马上就感到疏离和不舒服。至少对我来说，还没有其他独处的体验是像这样子的。"

对于自己的孤独，C. S. 路易斯在他的最后一部小说《裸颜》（*Till We Have Faces*）中以自传的形式做了概括。缺少真实的身份，或者按照某种"脸孔"被人识别，就会让我们藏在一副面具或者好几副面具的后面。然而，C. S. 路易斯对牛津大学的公共休息室文化实在是太熟悉了。书中的寓意是，只有无私的真爱才能长出一副闪耀的脸孔，被人按照本相识别。相比之下，我们与他人之间的疏离也要被藏在一副面具（the Prosopon）之下，值得我们注意的是，Prosopon 是希腊悲剧的起源。这是一个具有讽刺意味的起源，因为在希腊文化中，成为一个"人"（a person），只是意味着成为戏剧中一个戴着面具的角色。

海德格尔（Heidegger）认为"存在"就是持续不断地与孤独做斗争，当然也意味着与死亡做斗争。其实，死亡是孤独的最终形式，是日常孤独的绝对终点，使之成为绝对、完整和最终的结局。根据加缪（Camus）在他的小说《西西弗斯的神话》（*The Myth of Sisyphus*）中的说法，对荒诞的合理性感受，是对孤独的绝对性的恰当表达。然后，他将之与自杀联系起来，认为那是一种对孤独的最终解决方案。我们中很少有人会喜欢去直面现实，当然肯定更不愿去凝视深渊，那是极端孤独可能成为的样式。然而，拒绝上帝将会成为孤独的绝对现实。正如现任的教宗本笃十六（Benedict XVI）日前曾说过的："在上帝缺席的地方，地狱就出现了。"因为这就是地狱的含义：绝对的孤独。彼得·克里夫特（Peter Kreeft）也给出了类似的说法："地狱是绝对的孤独。"这两个作家都反映了但丁的地狱观。具有讽刺意味的是，靠近地狱入口的是一个舒适的学者社区。正如但丁在《神曲》中的地狱之行所讲的，随着路程越进深，孤独感也越强烈，直到终点，那是一个冰湖的深渊，撒但全身冰封地躺在最深之处。

欲望和孤独

当我们不敢过度"思考"，以避免"唯我主义"式的孤独，就会发现，我们也不敢有太多"欲望"，以免因个人失望而造成孤独。至少，这是我在童年时期，每到圣诞节时的心理。我的生日是在 11 月末，圣诞节也指日可待。这是一个更加渴望礼物的时间，并且是两个礼物，而不只是一个！我已经学会提醒自己，不要渴望得太具体，而要保持含糊。所以，叶芝（W. B. Yeats）的戏剧《心愿

之乡》（*The Land of Heart's Desire*）中的仙童悲伤地唱
道："孤独之心凋谢了。"因为，如果欲望不被理解，那么
凋谢的就不只是"欲望"，而且也是"心"。当然，我们所
拥有的最深的欲望其实是被理解，是了解别人和被人了解，
是被爱和去爱。

勒吉拉德（Rene Girard）已经研究过为什么人的欲
望是将我们与他人联系在一起的基本驱动力。但它同时也
孤立我们，因为它将欲望和嫉妒混淆了。欲望总是私欲的
反映，并且最终会导致我们"自我中心"的症状恶化。它
没有发展出"无私"这一品格的能力，因此"它建基于双
重约束力……即使对欲望越来越了解，也是毫无所得。与
之相反，这样的知识越加深和扩展，这个东西就越有可能
成为导致你不快乐的原因。这就在本身立足的对立矛盾上
更进深一步，人的欲望越强烈，受到的捆绑就越加倍"。
正如我们可以在孤独中思考，我们也会在渴望的时候妒火
中烧。因此，嫉妒就成了在欲望的面具后起支配作用的力
量。它将"关系"扭曲成"疏离"。因此，我们看到别人
的欲望，并且模仿别人的欲望。那么我们就开始模仿别人，
而不是在了解别人的欲望的前提下，来与别人建立关系。

由此，欲望成了迷宫中的小径，有许多死胡同和死
角，在那里我们被孤立，并且滞留在苦毒以及其他不良情
绪中：家庭成员彼此疏远、破碎的婚姻、疏离的孤男寡
女、社会崩溃以及其他许许多多悲怆的例子。如果没有关

系的话，"思想"就会变得偏激，同样，太过"渴望"，就会毁灭性地终结"渴望"。"渴望"的真正目的是停止"渴望"，就像旅程的终点是为了到达目的地。查尔斯·威廉斯（Charles Williams）在他的小说中描写了一块名叫"欲望的终结"的石头，那是像炼金术士的魔法石一样的石头。它答应会完成其拥有者向它提出的任何愿望，结果导致了社会混乱，因为这块石头将一切都变得毫无边界。在故事的结尾，只有被无私行动所改变的一个普通男人，以及一个愿意忍受苦难的虔诚女人，才有能力"在那些条件下接受欲望的终结"。

正如萧伯纳所说："人生有两大悲剧，一是没有得到你心爱的东西，一是得到了你心爱的东西。"当我们没有得到的时候，我们会感到沮丧；当我们得到的时候，我们会感到失望。所有这些不如意会加剧我们内心的孤独，因为我们不能毫不羞耻地分享嫉妒，我们也无法用语言表达不切实际的欲望而不被认为是愚蠢的。

然而，当我们从不切实际的遐思和虚假的欲望中解脱的时候，我们就可以"放下"孤独中的占有欲幻想。朋霍费尔在死前经历了战俘营生活，他说："我们可以有丰盛的生活，即便许多愿望尚未实现。"正如奥古斯丁的一句名言："上帝为他自己创造了我们，我们的心是不安分的，直到它们在上帝那里找到安息。"也就是说，上帝是"知道"和"渴望"的终点。

对神是孤独的终结者的沉思

对于萨特这样的无神论者，自我定义的意思就是："我所拥有的东西定义了我"。因此，要放弃所"拥有的"，就像耶稣曾挑战年轻富有的少年官，去放弃他所有的一切而跟随耶稣，这让我们感到害怕，因为一无所有就意味着终极的孤独，这和死没什么两样。但是，如果"存在"不是被误以为是"知道"和"渴望"的话，那么将彻底地改变我们的身份和关系。正如詹姆斯·S.邓恩（James S. Dunn）所说："当我给出我的所有的时候，好像是我才被赋予'存在'，因为我用'拥有'换得了'存在'，这样做我才开始明白什么是丰盛的生命。"因为事实上发生变化的是一个人的关系：与自己的关系、与他人的关系、与世界的关系。这就像摩西在燃烧的荆棘前的独特体验，它将摩西所有个人性的恐惧、内在的缺乏以及他的社会性羞怯转化成燃烧的雄心，并且从根本上改变了他，那正是因为他与那位神圣的"自有永有者"相遇了（参出3:14）。在这一点上，在那位"我是我所是"的神面前，摩西对自我身份的认知（"我是我所有"和"我是我所渴望是的"）被烧为灰烬。然后，正如使徒保罗所经历到的："然而我今日成了何等人，是蒙神的恩才成的；并且他所赐我的恩不是徒然的。我比众使徒格外劳苦，这原不是我，乃是神的恩与我同在。"（林前15:10）正是在耶稣基督的死亡和复活的荣耀光芒中，使徒保罗可以肯定这是他自己的"燃烧的荆棘"。保罗对过去的弃绝，确实表明了他的"老我"死去，正如摩西直面雅威（自有永有者，Yaweh）一样。

从终极的意义上说，孤独是一个"神的形状"的空洞，只有神自己才能填满。正如乔治·麦克唐纳（George MacDonald）所指出的那样，"在每个人内心里都有孤独，那是一个独特的内在生命空间，那里只有上帝才能进入。"这反映出我们心中那个内在空间，是基督的临在给予我们的"新名"，就像西门变成了彼得，扫罗变成了保罗。然后，当我们允许"以马内利"的神永远和我们在一起，孤独就像是晨雾一样，消散在神之爱的阳光照射中。替代我们内心孤独的是对我们"神圣的独特性"的认可和感知，真实地感受到神"提名召我"，我们的"存在"再也不需要由我们所"知道的"和我们所"拥有的"来定义，我们只被神的亲自同在所定义。由此，神成为"欲望"的终结者，同时也成为"知道"的终结者。因为"认识到我们已经被神认识"，我们心灵的渴望被满足了，因此欲望被终结了。上帝现在是我们最亲密的知己，是我们的最终欲望。离开上帝，欲望就是穷途末路，就是必输的赌注。那么，我们心中所认定的：孤独意味着求偶失败般的感觉，它就是真实的。如果在我们生活中没有上帝的位置，我们注定要继续孤独。

向神的奥秘开放我们自己吧，让他的同在永远存在我们的心里，我们也应该不断地思想他的话语。这些态度会让默想变为默观，那是接受和传递神之爱的经历。单单地与神在一起，单单地降服在他的圣洁当中，在三位一体的奥秘中，我们将永远不会孤独。这样，在他的永远同在当中，我永远不会感到孤独。当然，除非在神的爱中，我根本就不可能认识自己的独特性，但现在我不再孤独。

因此，《诗篇》的作者颂赞耶和华："在你面前有满足的喜乐"（诗 16:11）。喜乐是孤独的解药。它将我们从以自我为中心中解救出来，变成一个"在基督里新造的人"。它通过对孤独的生命的审判，挑战堕落后的个体独特性。因为喜乐是件礼物，所以喜乐是可以被分享的。是的，喜乐是对永恒生命的庆祝。它是我们在神里拥有的默观生活的表达。在喜乐里，我可以操练自己更向往单单地渴慕神。正如伟大的通俗文学作家伊莱恩·斯卡里（Elaine Scarry）在她的书《由书而梦》（Dreaming by the Book）中所指出的，我们可以与故事中的人物产生认同感，从而进入他们的世界，进入他们虚构的社会关系中，并且带着情感经历他们所经历的一切，这样做使得我们至少暂时忘记了自己的孤独。当然，阅读圣经人物的故事会给我们更多的启发，因为他们生活在神永远同在的现实中。然后，所有小说中的故事都瞬间在上帝的爱面前蒸发了，我们安然且完全地居住在他的永恒友谊里。这时我们只听到耶稣对门徒的承诺："我就常与你们同在，直到世界的末了。"

（太 28:20）还有什么比这个更大的希望，是我们能够给予今天这个孤独的世界的呢？

（本文 2010 年发表于维真神学院季刊）

图书在版编目（CIP）数据

美好品格的塑造 /（美）侯士庭（Houston, J.）著；
陈恩明译 . -- 上海：上海三联书店，2016.1

ISBN 978-7-5426-5320-8

Ⅰ . ① 美… Ⅱ . ①侯… ①陈… Ⅲ . ① 个人—修养—
通俗读物 Ⅳ . ① B825-49

中国版本图书馆 CIP 数据核字（2015）第 216069 号

美好品格的塑造

著　　者 / 侯士庭

译　　者 / 陈恩明

审　　校 / 游冠辉

策　　划 / 找到啦

责任编辑 / 邱　红

装帧设计 / 周周设计局

监　　制 / 李　敏

责任校对 / 张大伟

出版发行 / 上海三联书店

　　　　（201199）中国上海市闵行区都市路 4855 号 2 座 10 楼

网　　址 / http://www.sjpc1932.com

邮购电话 / 021-24175971

印　　刷 / 环球印刷（北京）有限公司

版　　次 / 2016 年 1 月第 1 版

印　　次 / 2016 年 1 月第 1 次印刷

开　　本 / 890×1240　1/32

字　　数 / 101 千字

印　　张 / 5.5

书　　号 / ISBN 978-7-5426-5320-8 / B.436

定　　价 / 32.00 元

敬启读者，如发现本书有印装质量问题，请与印刷厂联系 010-60279968